은둔의 문 4
부엉이, 새장에 알을 낳다

본 도서는 한국문학예술진흥원 선정 우수도서입니다

은둔의 문 4(부엉이, 새장에 알을 낳다)

초판인쇄 2024년 12월 19일 **l저자** 정위영 **l펴낸이** 김영태 **l펴낸곳** 도서출판 한비CO
출판등록 2007년 1월 16일 제 25100-2006-1호 **l전화** 053)252-0155 **l팩스** 053)252-0156
주소 700-442 대구시 중구 남산2동 938-8번지 미래빌딩 3층 301호 **l홈페이지** http://hanbimh.co.kr
이메일 kyt4038@hanmail.net

ISBN 979-11-64871537

값 20,000원

*잘못된 책은 교환해 드립니다.
*저자와의 협의로 인지는 생략합니다.

은둔의 문 4
부엉이, 새장에 알을 낳다

정위영 수필집

| 수필가의 말 |

바람에 떠밀리어 흐르는 세월 속에
품어지는 시련의 아픔, 인내의 주춧돌

만 리 길을 달음박질쳐도
발자취는 그 흔적 그 자태라

서늘한 공기로
새벽녘에 깨우는 봄

포근한 봄기운을 만끽하려니
봄 햇볕, 봄 햇살이 샘솟아

뙤약볕 태양에 심장이 멎을까!
발과 손은 그늘진 구석을 향해 동동거리면

싱싱한 바람 몰고 와 구슬땀 식혀주고
오곡백과에 경이로운 자연 차림 상 물리면

차디찬, 겨울 바닷가 물살처럼
무수한 정에 부대끼던, 그 시절 그때를

가슴에 얹어
밤하늘에 반짝이는 은하수 별들처럼
오롯이 수필집에 담아 봅니다.

목/차

1부
샛별을 찬찬히 바라보면서

어머니는 간혹, 그날을 회상하면, 눈물을 글썽이셨다.
그날 저녁은 화기애애하고 느지막이 까지
집안에서는 웃음과 아쉬운 얘기로 오갔다.

외할머니의 터전 12
학교 종이 땡땡땡 17
눈물의 부채 과자 21
아버지 따른 서울 나들이 27
말발굽 해변을 품은 노실 리 32
노실 리 모래 해변의 추억 36
악몽을 꾸다 40
어머니의 생선 장사와 중년 목사님 46
감회에 찬 기쁨의 눈물 51
여름 방학 55

2부
지난날들을 회고하는

생에 첫, 공사 현장 노동일은 조흥장 모텔이었다.
지금도 그 건물을 지날 때면, 그때 그날 일들을
회상해 보곤 한다.

새장 밖으로 날아가다 62
친구와 동창생 66
소금강 할머니 69
고교 실습생 시절 74
나의 군번은 92655358이다 78
사회 초년생 84
외할머니의 나들이 89
파혼과 이별 93
종용 98
장모님의 통나무집 103
새 장인과 송이버섯 산 110

3부

가슴에 애환을 묻고

이럴 때면, "저물녘, 뜬 달에 쓰라린 가슴 잠재우려, 한 끼 식사에 소주"로 만끽한다.

징계와 집행유예 선고 118
대선 캠프와 표적 125
수감 생활과 기초생활보장 대상자 권리 133
옛 대관령 그 시절 그 길 139
나의 단체 활동 142
일터 속, 애환 147
풍랑에 깃든 뱃살 빼기 154
음주 대리와 산행 대리 160
늦깎이 만학도의 자격증 166

4부
한 편 한 편이 수채화

그렇게, 가을을 떠나보내면 또다시,
겨울이 들어선다.

장대비로 가슴 깊이 품었던, 해변 계절 장사 174
30주년 졸업 기념식 180
조카의 부사관 정복과 대학원 학위 184
시인으로 등단하다 189
양양 가톨릭 폐교로 전근 196
안전관리자와 소방 안전 관리사 202
한 편, 한 편의 수채화 207
다람쥐 쳇바퀴 일터 213

1부
샛별을 찬찬히 바라보면서

어머니는 간혹, 그날을 회상하면, 눈물을 글썽이셨다.
그날 저녁은 화기애애하고 느지막이 까지, 집안에서는
웃음과 아쉬운 얘기로 오갔다.

외할머니의 터전

　강원도 삼척시 원덕읍 노실이라는 바닷가 마을은 임원항과 호산항 사이에 위치하는 말발굽형의 지형을 하고 있다.

　노실 리는 잠수부 어선(갑판 대에 공기 양수기 장치를 갖추어 놓은 목선)으로 해조 채취 업이 주된 작은 항구 마을이다.

잠수부 어선은 어부가 헬멧식 잠수복을 착용하고, 헬멧 뒷머리 부분에 공기 호스를 연결하여 잠수하면, 잠수부 어선 갑판 대에서는 양쪽에 한 사람씩 마주 보고 서 공기 양수기를 위아래로 저으며, 해저 속 잠수부의 상황과 공기 호스 상태를 살펴 가면서 각종 해산물을 채취한다.

잠수부 어선이 해산물 채취 업을 마치고 바닷가 해변에 도착하면 밧줄로 당겨 모래사장에 올려놓고, 어선 바닥과 모래사장에 닿는 양쪽 접촉 부분에 각목을 깔아놓고, 각목과 어선 밑 부분에 각목을 대어 노를 젓듯 각목으로 저어 배를 마을 어귀까지 올려놓는다.

잠수부 어선으로 채취한 각종 해조류 및 해산물은 어판장과 시장에 직접 내다 판다.

또한 노실 리는 산골짜기 언덕배기 능선을 일구어 농사도 짓고, 가가호호 소와 돼지, 닭, 흑염소 등 가축을 길러 주된 소득으로 삶의 터전을 일구며, 외할머니가 살고 계시는 작은 농어촌 마을이다.

작은 농어촌 노실 리 마을은 바닷가를 접하고 있어, 집들은 돌로 담장을 높이 쌓았고, 높이 쌓은 돌담만큼이나 마당입구에서 집 입구까지 겹겹이 돌계단들이 층층이 자리 잡혀 있도록 집을 짓는다.

  높은 파도가 일면 낮은 터에 집을 일군 집은 바닷물이 안방까지 들이닥쳐 잠기거나 큰 피해를 보기가 다반사였다.

  그래서 마을회관에서는 마을회관에 확성기를 설치하여 높은 파도가 일쯤이면
"바닷가 해변 마을 분들은 신속하게 산등성이로 대피하시기를 바랍니다.!"
라는 확성기 소리가 온 마을에 울려 퍼진다.

  갓난아기가 싸늘한 마룻바닥에 엎어져, 낭떠러지를 향해 굵은 눈망울을 뚝뚝 흘리며, 서글피 울면서 기어가려 하고, 그 곁에서 외할머니는 그 갓난아기가 낭떠러지를 향해 기어가지 못하도록 허리춤을 붙잡느라 곤욕을 치르고 있다.

  갓난아기는 낭떠러지를 향해 기어가려는 것을 포기했는지, 이번에는 주저앉더니, 탁 트인 마룻바닥에서 마주보이는, 저편 산등성이를 황급히 올라가시는 엄마, 아빠를 향해 갓난아기는 어린 손을 들어 가리키며, 외할머니 품에 꼭 안긴 체, 재차 저편 산등성이를 가리키며 굵은 눈망울을 뚝뚝 흘리며 그렇게 울어 젖히는 나날들이 흘렀다.

그런 나날들이 흐르던 어느 날부터 싸리나무를 엮어 울타리가 세워졌고, 흙과 흙벽돌, 그리고 돌과 나무로 집 뼈대가 세워졌고, 볏짚을 엮어 지붕을 씌운 초가집 마당이나 지붕에서는 닭의 "꼬끼오~ "소리에 동창이 밝아 온다.

동화 속 초가집에서 어린 소년은 잠자리를 박차고 일어나 눈을 비비며 꼬리를 흔들며 달려오는 애견을 앞세우고 토끼장으로 향해 제법 성큼성큼 걸어가서는 풀을 넣어주고, 닭장에 다다르면 닭이 금방 낳은 듯 온기가 남아 있는 닭의 알들을 챙겨 부엌 부뚜막에 올려놓고, 그 소년은 외가 삼촌뻘쯤 되는 형님들에게 숨을 헐떡이며 달려간다.

다양한 새총을 만드는 방법도 배우고, 나무껍질과 풀잎으로 풀잎피리를 부는 방법도 배우고, 꿩이 좋아하는 열매에 청산가리를 심는 방법도 익힌 소년은 새총으로 꿩을 잡아보려 하고, 바닷가에 가서 형님들 틈에 끼여, 돌덩어리를 이리저리 젖혀가며 참 골뱅이를 채취하여, 형님들과 삶아 친구, 동생, 이웃 분들과 함께 나눠 먹었다.

어느 날은 바닷가 해변 바위에 홀로 올라서 대나무

낚시를 하며, 하루를 보내기도 하고, 때로는 뗏목에 올라 형님들과 노도 함께 저어보기도 하고, 얕은 바닷가 바다에 들어가 해삼, 전복, 미역 등을 따며 온종일 보낸다.

학교 종이 땡땡땡

주문진읍 주문리 58번지는 호적으로 자리매김하는 주민등록상 나의 본적이다.
시멘트를 개어 벽돌 층층이 개어 짖고, 지붕에는 압축하여 만든 얇은 석면판을 얹은 집이다.

집에서 멀지 않은 곳에는 최초로 새내기로 입학할 주영 초등학교, 나의 모교가 있다.

집 대문을 열고 나오면, 시내를 잇는 도로가 있고, 그 도로 건너편에는 대장간이 자리 잡고 있었다.

그 대장간에서는 각종 농기구, 생활용품 등을, 쇠를 달구어 두들겨 만들었다.

나는 틈나는 대로 대장간에 가서 쇠를 달구어 두들겨 온갖 연장들을 만들어 내는 것이 신기한지 하루가 멀다 않고 대장간 광경을 지켜보며, 하루를 보내는 날들이 늘어 갔다.

그 광경을 엿보고 계셨던, 대장장이 아저씨는 어느 날 나를 불러 세웠다.

"너, 이리로 들어와서, 이 아저씨 좀 도와다오!"

나는 (주저하지 않고)

"네~"

하고는 대장간의 안쪽을 향해 성큼성큼 걸어 들어갔다.

들어서자마자, 대장장이 아저씨는 나에게

"쇠를 달구기 위해서는 화롯불에 바람을 일정하게 불어넣어 화롯불의 온도를 일정하게 유지해 주어야 한단다."

하시면서,

"이 공기주입기 손잡이를 흔들리지 않게 꼭 잡고, 밀었다 당겼다를 반복하면 된다."

라고 알려주셨다. 그러고는

"한번, 해 보거라!" 하였다.

　대장장이 아저씨는 공기주입기 손잡이를 나의 손에 쥐어주고, 대장장이 아저씨는 '쇠를 두들기는 일'을 하러 가셨다.

　첫날은 공기주입기 손잡이를 꼭 잡고, 흔들리지 않게 '밀었다, 당기기'를 일정하게 해주는 것이 나에게는 버거웠다. 그 동작을 반복하면서 나날이 안정되어 갔다.

　그러다 나는 생애 최초로 학교에 입학하는 날을 맞이하였다.
　학교에 새내기로 입학하면서 친구들도 하나, 둘 사귀었고, 선생님도 한 분, 두 분 만남의 인연이 이어졌다.
　그래서인지 나의 대장간 견학 시간은 점차 줄어들었고 마침내 대장간 대장장이 아저씨와 작별을 고하였다.

　내 학교 입구에는 문방구 겸 구멍가게가 한 곳이 있다.
　이 구멍가게는 주영 초등학교 전교생, 선생님, 교직원, 학교 부근 주민 분들께도 없어서는 안 될 참새방앗간 같은 존재였다.

　등·하교 시간이면 구멍가게 입구에 펼쳐놓은 문방구,

소꿉놀이 장난감, 다양한 종류의 뽑기, 다양한 종류의 간식거리(풀빵 등)로 장터를 방불케 하였다.

눈물의 부채 과자

　차가운 냉기가 온몸을 감싸와 발끝부터 얼굴까지 이불을 꼭 덮고 잠을 자야만 하는 주문5리 산등성이에 자리 잡은 집터로 이사를 왔다.

　아직, 동트기 전 이른 새벽! 아버지께서는 여지없이, 동생과 나를 깨운다.
　"일어들 나야지~"

비몽사몽 감기는 눈 비비며, 동생과 나는 아버지 뒤를 따랐고, 아버지 뒤를 따르던 동생이 아버지와 거리를 두더니, 나에게 귓속말을 건넨다.
"형아!, 우리는 이 일을 대체 언제까지 해야 하는 거야~"
라며, 투덜거리며 걷다 보니, 어느새 부둣가에 도착하였고, 동생과 나는 정박하여 묶여 있는 "광명 호"라 쓰여있는 목선 통통배 갑판 위로 오르고 있었다.

일상처럼, 동생과 나는 배 갑판 창고 안에 놓여 있는 두레박을 하나씩 꺼내 쥐어 들고는 살얼음판이 깔린 가파른 선수 쪽은 형인 내가 더 낮고 평평한 선미 쪽은 동생이 맡았다.
동생과 나는 두레박을 부둣가 바닷물에 거꾸로 뒤집어 처박아 버린 듯 내동댕이쳐 두레박에 바닷물을 가득 퍼 담아 올리며 짜증스러운 투정으로 조심스럽게 한발 한 발 내디딘다.

두레박에 가득 담긴 바닷물을 배 구석구석 다 끼얹으면 동생과 나는
"아버지!, 바닷물로 갑판과 배 구석구석 다 뿌렸어요~"
라고 외친다.

아버지께서는 기름 드럼통 위에 놓여 코를 틀어막는 비린내를 풍기며 나무 장작불에 익어가는 고래 고기를 안주 삼아 지인 분들과 소주를 곁들이고 계시다가, 동생과 내가 외치는 소리를 들으시고는 노릇노릇 익은 비린내 풍기는 고래 고기한 접시를 차려놓고는 동생과 나를 지인 분들 앞에 불러 세우시고는
　"인사하거라!"
하고 큰 소리로 말씀하셨다.
　그러면 동생과 나는 두 손을 배꼽 부위에 공손하게 붙이고 고개를 푹 숙이며
　"안녕하세요!"라고, 인사를 드린다.
　그러고 나면, 아버지께서는 "얘가 첫째고, 얘는 둘째"라며, 지인 분들 앞에 세워 놓으시고는 동생과 나에 대한 얘기하시는 것이었다.
　그러시고는 동생과 나에게
　"너희들은, 이 고래 고기를 사이좋게 나눠 먹고, 집에 먼저들 올라가거라!"라고 하셨다.

　학교 수업을 마치고 집에 들어서면, 숙제를 부랴부랴 끝내 놓고 외출하여 친구들과 놀다 귀가할 때쯤이면 이웃집 아주머니들은 채낚이 오징어 낚싯밥을 엮는 작업을 하시면서 한바탕 시끌벅적 떠들고 계신다.
　그러다, 귀가하는 우리를 보시고는

"아이고야! 귀공자님들, 귀가가 늦으셨네!"
하시며 한바탕 헛웃음들을 지어 보이신다.
   이런 환경 속이라 세 남매의 공부도 잠도 느지막이 이어진다.

   방안 곳곳은 퀴퀴한 생선 비린내로 가득 차고, 세 남매 눈꺼풀이 무거워지면서 꿈나라 잠자리가 그리운데, 아버지께서는 나와 남동생을 부르신다.
   여동생은 아버지에게는 학수고대하던 딸이었고 애지중지 귀여워하신 터라 늘 잠자리를 갖는 게 다소 자유로웠다.

   언제나 그랬듯이 동생과 나는 태권도복을 차려입고 아버지 앞에 나란히 무릎을 꿇는다.
   그럴 때면 아버지께서는 무릎 꿇고 있는 동생과 내 앞에 부채 과자 한 봉지를 툭 내려놓으신다.
   그러시고는
"자, 태권도 겨루기 한판, 시작!"
   아버지의 시작 호령이 떨어지고, 잠시 머뭇거린다 싶으면 재차 아버지의 호령 소리에 나와 남동생은 순간적으로 손과 발이 연차적으로 휘두르게 된다.
   이럴 때면 늘, 남동생은 머뭇거리다 내가 휘두른 주먹에 코피를 흘리거나, 발길질에 복부를 맞고, 복부를 붙

잡고 쓰러진다.

　이런 광경은 느지막이 까지 이어지고 하루의 광기 소동이 끝맺을 때쯤 지켜보고 계시던 아버지께서는 동생보다 나에게 더 많은 몫의 부채 과자를 나눠 주시고는 둘을 힐끗 쳐다보시고는 잠을 청하러 들어가셨다.

　고개를 푹 숙인 채, 흐르는 코피를 닦으며 눈물을 흘리고 있는 동생 곁에 나는 다가가 내 몫을 건네면서 동생 어깨를 다독이며 동생과 나는 서로 마주 보며 그 눈물의 부채 과자를 함께 나누어 먹다가 잠을 자러 함께 방으로 들어가는 연년생이었다.

덧없는 세월

포근한 햇살에 눈 부심도
봄바람에 눈을 감고

뙤약볕 무더위에
턱까지 차오르는 목마름

가을비에 사그라지고
가을 비바람에 움츠러든다

스며오는 동장군 기세에
온돌방 구석으로 오그라드는 심신

피워내려는 자욱한 안개는
밝히려는 형광등에 사그라지고

초췌한 얼굴 비춰주는
아침 햇살에 주름살만 또렷하여라

아버지 따른 서울 나들이

집안에서는 거의 다 마른오징어를 아주머니들의 손길에 가지런히 손질되어 20마리 1축씩 묶여 방마다 가득히 쌓였다.

그런 일상의 나날이었고 3학년 여름 방학을 맞이하였다.

어느 날 방마다 가득히 쌓아뒀던 오징어를 실을 커다

란 짐차가 집 근처 도롯가에 도착했다는 얘기를 아버지에게 어머니는 들으시고는 나를 황급히 단정하게 차려 입히셨다.

　곧이어 나를 재촉하는 아버지의 소리가 도롯가에 울려 퍼진다.

　"빨리, 서두르지 않고 뭐 하냐~ 이리 느려 터져서야!"

　어머니는 내 손을 꼭 잡더니, 이끌듯 부리나케 달려갔다.

　부리나케 이끌려 온 나를 아버지는 커다란 짐차 운전사 옆쪽으로 들어 밀쳐 넣고는 아버지도 운전 보조석에 올라 착석하고는 나를 다시 아버지 왼 쪽 옆구리 쪽으로 바짝 끌어당겨 착석시켰다.

　그러시고는, 커다란 짐차 운전 기사 분에게
"제, 큰 자식입니다."
하시고는, 저에게 인사하라는 눈치를 주신다. 그러면, 나는
　"안녕하세요!."라고 인사했다.
　"고 녀석, 똘똘하게 생겼네!"
　커다란 짐차 기사 아저씨는 나의 인사를 받아주시고는, 굉음과 시커멓게 연기를 내뿜으며 읍내를 벗어나려 내달렸다.

나는 처음 타본 커다란 짐차의 굉음 소리, 퀴퀴한 냄새, 멀미로 몹시 고달팠다.
　이른 아침부터 내달리던 커다란 짐차는 섰다가 달렸다를 반복하더니, 북적거리는 시내 도로가에 세워졌다.
　이윽고, 아버지는 나를 커다란 짐차에서 내려 세우시더니, 내가 내려선 곳에 오징어 몇 축을 내려놓으시고는,
　"어딜, 가지 말고, 여기서, 아버지가 올 때까지 꼭, 기다리고 있거라~"
　당부에 당부를 거듭하시고는 아버지는 커다란 짐차에 다시 오르시더니 어디론가를 향해 내달렸다.

　그 자리에 서서 나는 한참을 두리번두리번 망설였다. 그러다 문득 주문진 어시장에서 좌판 장사하시는 아주머니들 모습이 눈에 선하게 떠올랐다.

　나는 눈에 띄는 폐지와 신문지, 박스를 주워 왔다.
　신문지는 오징어 깔개로 사용했고, 폐지와 박스로 좌판 대를 만들어 오징어를 쌓아놓았다. 그러고는 쭈그려 앉아 행인들을 지켜보았다.

　하얀 얼굴에 옷들도 화사하게 차려입은 나들이 가족들이 유독 눈에 훤하게 비쳤다. 그렇게, 한참을 지켜보

던 중, 화사하게 걸쳐 입은 또래 여자아이가 쭈그려 앉은 나를 향해 멈춰 섰다. 내가 오징어 장사를 하는 또래 남자아이인 줄 알고, 또래 여자아이는 부모에게 오징어를 사 달라고 졸라댔다.

첫 흥정이 이루어지는 순간이었다.
또래 여자아이는 어머니의 손을 잡고 이끌어 다가와 섰다
또래 여자아이의 어머니는,
"얘!, 오징어 한 마리는 얼마니?"
라며, 퉁명스럽게 묻는 말에, 나는 값을 모른 터라
"주시고 싶은 대로 주세요!"
라고 했더니 당황한 기색으로 나를 바라보더니 과자와 음료수를 건네 놓고는 오징어 1마리를 맞바꾸듯 가져가셨다.

값을 정해놓고 흥정하는 장사판이 아닌 만큼 마음으로 오고 가는 광경이 도시 시내 도로가에서 오징어가 동이 날 때까지 펼쳐졌다.

나는 주섬주섬 과자와 음료수로 끼니를 채우면서 돈을 세어 주머니에 쑤셔서 넣었다. 그러고도, 한참이나 시간이 지나도록 아버지의 모습은 보이지 않았고, 기다

림에 지쳐 노곤함에 잠에 빠져들 때쯤 저쪽앞쪽에서
 "아들아~ 아빠다!"
 아버지는 나를 향해 외치시며 황급하게 달려오시는 모습을 뵐 수 있었다.

말발굽 해변을 품은 노실 리

　노실 리(현) 노곡리)는 어머니의 고향이고, 아버지의 삶의 터전이고, 삼 남매의 외할아버지와 외할머니께서 계시는 곳이다.
　외가댁에는 큰외삼촌께서 "잠수부 배(배 위에 산소 펌프 장치를 설치하여 어업인이 잠수복을 입고 산소 호스를 연결하여 바다 속에서 해산물 등을 채취)를 운영하시고, 외할머니와 외할아버지를 돌보며 농사를 도맡아 삶의 터전을 일구고 계셨다.

　아버지께서는 "외할아버지 댁에서 큰외삼촌과 잠수부배, 어업 생활로 삶의 터전으로 삼아 이일 저 일을 하러 다니셨고, 어머니는 큰외삼촌 슬하에서 집안의 온갖 허드렛일을 도맡아, 안정된 삶을 일구려 하는 것에 외할아버지와 외할머니께서는 늘 안타까운 마음을 마음에 담고 계셨다.

　그런, 어머니의 모습에 마음을 두었고, 어머니로부터 마음을 얻어 미래를 약속하셨으나, 외할아버지의 반대로 마음속에 묻어 두고 지내시다, 아버지와 어머니는 야반도주하여 주문리 58번지에서 삶의 터전을 일구기 시작하셨다.

　아버지는 어업인으로서, 어머니는 가정과 항구의 일터에서 항구의 일꾼으로 온갖 허드렛일을 마다하지 않으신 덕분에 삼 남매는 행복한 삶을 영위할 수 있었다.

　고향에 계시는 부모님을 등지신 것에 대해 늘 어머니의 가슴 한편에 묻어두고 계셨는데, 여유로운 삶을 일구어 영위하면서 어머니는 외할머니께 도움을 청하였고, 마침내 어머니는 삼 남매를 앞세우고 외가댁을 찾아뵙기 시작하셨다.

 그럴 때면, 외할아버지께서는 친구를 초대하여 장대 곰방대 줄 담배를 태우시며, 외손자인 나를 무릎에 앉히시고는 자랑삼아 장기를 두시기를 즐겨 하셨다.

"서당 개 삼 년이면 풍월을 읊는다!" 하였다.
 어느 날, 외할아버지께서 나를 무릎에 앉혀놓고, 친구와 장기를 두시다가 외할아버지가 궁지에 몰려 머뭇거리시는 것을 지켜보던 나는
"외할아버지!, 이걸로 저거를 잡으시면 되지 않아요!" 라고 했다.
 나는 그, 수가 어떤 묘수인지를 알지 못했다.
 잠시 후, 외할아버지 친구께서 불같이 성화를 내시더니 장기판을 뒤엎으셨다.
 그 순간, 나는 눈앞에 별이 번쩍번쩍, 동시에 쇠고리가 잠긴 문을 박차고 뛰쳐나가며 곤두박질을 거듭하게 되었다.

 외할아버지께서 계시는 농어촌 마을은 의원이 없는 터라, 나의 머리에는 된장이 얹히고 붕대로 칭칭 감겼다. 그 후로, 외할아버지께서는 장대 곰방대를 멀리 두셨고 나를 멀찍이 앉혀 놓고 장기를 두셨다.

싸리나무

산등성이에 에워싸인
울타리 초가집

아침, 저녁이면
굴뚝으로 연기가 솔솔 뿜어져 나온다

울타리 초가집을
에워 심은 싸리나무 자라는 만큼

흙투성이 철부지 장난질에
자라난 사랑의 매질

한 줄, 두 줄 돋아나는
종아리의 선명한 핏자국을 바라보시며

두 눈물에 묻어냈던 건
부모의 온정이었다.

노실 리 모래 해변의 추억

　노실 리(현, 노곡리) 농어촌 마을 초등학교는 학생 수도 적고, 시골이어서 그런지 마을과는 조금 떨어진 외딴 곳에 소재하고 있었다.

　나는 어느 날 오후쯤 그 시골 학교의 놀이터에서 이래저래 놀며 시간을 보낼 아량으로 갔었다.
　때마침 그 시골 학교 선생님은 계단 아래 운동장에서

그 시골 학생들을 일렬종대로 줄을 세워놓고 건빵 한 바가지, 우유 백설기(직사각 덩어리 모양) 한 덩어리씩 나누어 주고 계셨는데, 그 광경에 홀린 듯 다가갔다.
  여학생들은 건빵 한 바가지는 치마를 훌쩍 들어 배급받고 있었고 남학생들은 윗옷을 훌쩍 벗어 배급받아 보자기 쌈을 하고는 각자 집으로 향하고 있었다. 그런 광경을 지켜보고 있던 나를 그 선생님이 불러다 세웠다.

  그 선생님 앞에 선 나는 얼떨결에 윗옷을 훌훌 벗었고 그런, 나에게도 그 선생님은 시골 남학생들에게 배급해 주신 것처럼 나누어 주셨다. 그러면서
"너는 어디 사는 누구니?" 라고 물으셨다.
"네, 저는 주문진읍에서 왔고, 여름 방학을 맞아 외가댁에 온 정위영이라 합니다."대답하였다.
 "그렇구나, 이곳에 "자주, 놀러 오니?"라고 물으셨고,
   나는 "네!"라고 하였다.

  나는 학교 놀이터, 운동장에서 지루한 시간을 보내기 위해 그 시골 학교를 자주 가게 되었다.
  그날 이후로, 나는 또래들과도 어울려 놀았고, 형들과도 어울려 놀곤 하였다.

  그러던, 어느 날이었다.

그 시골 학교 운동장에 버스 한 대가 들어섰다.
또래 혹은 형, 누나들이 그 버스에서 내려섰고, 그 시골 학교 선생님의 안내에 따라 시골 학교 내로 들어가는 것을 지켜보다가 나는 외가댁으로 귀가하였다.

늦은 저녁쯤이었을까!

마을 청년들이 외할아버지 댁에 방문하였다. 마을 청년들은 자매결연 맺은 서울 모 초등학교 학생들과 노실리 농어촌 시골 마을 초등학생 간에 만남의 시간을 마련했는데, 시골 농어촌 학교라 학생 수가 적어 외손자도 함께했으면 해서 부랴부랴 이렇게 방문하게 되었습니다. 라며 마을 청년들은 외할아버지께 자초지종을 얘기하였고 허락을 받아냈다.

외할아버지의 허락이 떨어지자마자 나는 마을 청년들 뒤를 따랐고, 자매결연 만남의 장소가 있는 바닷가 해변으로 향했다.

해변에 도착하자마자, 모닥불 주변을 원을 그리며 둘러앉아있는 한 가운데 나는 앉았고, 손수건 돌리기 등 마을 청년들이 마련해 놓은 해산물 구이, 구운 고구마, 구운 감자, 건빵 그리고 서울에서 온 학생들이 준비해 온 과자와 과일 등을 곁들이며 놀았었다.

언뜻, 서울에서 온 한 여자 또래가 생각난다.

둘은 노실 리 바닷가 바닷물이 밀려오는 바닷가에 모

래사장에 나란히 앉게 되었고, 둘은 밤하늘 별을 바라보았다.

둘은 서로 머쓱하게 마주 보게 되었고, 그 여자 또래가 사는 서울 얘기로, 둘은 말문이 트이기 시작했다.

내가 다니고 있는 학교 얘기며, 내가 살고 있는 주문진 항구에 대한 얘기며, 그 여자 또래가 살고 있는 서울 얘기, 서로의 가족얘기, 또래 친구 얘기는 새벽 무렵까지 이어졌다.

둘은 귀가하기 위해 일어서면서 서로의 손을 맞잡게 되었고, 밤하늘에 반짝거리는 별을 바라보며 서로의 얼굴을 간혹 마주 보며 귀갓길을 재촉했다.

나는 그 여자 또래와 함께 그 여자 또래의 자매결연 시골 학교 숙소에 도착하였다.

그리고, 둘은 서로 아쉬운 작별 인사를 나누었다.

그날, 나는 샛별을 찬찬히 바라보면서 외가댁으로 향했다.

악몽을 꾸다

 요즘 들어 아버지는 잠을 주무시는 시간 외에 영어신문을 늘 곁에 두고 지내셨다.

 또한, 지인분과 잦은 다툼으로 만취로 귀가하시는 날이 늘었고, 얼굴에 근심이 짙어지셨는지 웃음기가 싹 사라지고 얼굴 곳곳에 보기에도 흉할 만큼 크고 작은 상처가 다닥다닥 붙어있었다.

내 뇌리에 지금도 뚜렷하게 회상되고 있으니 말이다.

이를 증빙하듯, 하루는 아버지께서 먼 친척이 되신 분에게 얼굴과 온몸 군데군데 몰매를 당해, 피투성이와 상처가 많이 난 것 같다며, 우리집에서 낚싯밥 조업 작업을 하시던, 아주머니께서 목격하시고는 집으로 황급하게 달려와서 귀띔해 주셨다.
그럴 때면, 저와 어머니는 외가댁 친척들을 모시고 달려가서 싸움을 말리는 날이 늘어났다.

어디 그뿐인가 부둣가에서는 재정적 문제가 누적되어서 고초가 쌓여 잦은 말싸움과 다툼이 나날이 늘어났다.
그 원인은 큰 도시 도매인에게 보내진 오징어, 명태 등의 건어물 외상값이 제때 수금되지 못하여 어려움이 가중되었어! 일어나는 일이라며 우리에게는 걱정하지 말라고 하셨지만 어머니께서는 정작 노심초사하는 나날을 보내셨다.

그런 나날을 보내시던 아버지께서는 그토록 갈망하여 마련하셨던, 어선을 이쯤에서 정리하시고, 원양어선 승선원으로 안정된 재정을 마련하여 재기하시기로 고민에 고민하시다 결론을 내리신 것 같으셨다.

그러던 어느 날 전화기에서 전화벨이 울렸다.
아버지께서는 그 전화를 받으시고 곧바로 배를 인수할 분에게 배를 인도하기 위해, 어디론가 배를 운항해 가셨다.

운명의 전날 나는 이상한 꿈을 꾸었다.
꿈속에서 아버님께서는 어머니와 평상시 친하게 지내셨던 별이 아주머니와 어머니를 연탄불 아궁이에서 펄펄 끓고 있는 솥에 어머니를 칼국수 넣듯 넣고 계셨다.
나는 그 상황을 발버둥을 쳐 제지하려 하였으나, 더 이상 꼼짝달싹하지 못하였고 땀범벅이 된 채로 전화기 벨소리에 악몽에서 깨어났다.

악몽에서 깨어나 보니 어머니께서 버선을 황급히 신으시고는 너는
"동생들을 잘 돌보고 있거라!"
하시고는 부둣가로 향해 황급하게 달려가셨다.
다녀오신 후로, 어머니는 전화기에서 시선을 떼지 못하셨고, 근근이 운영하시던 구멍가게(담배, 생활품, 과자 등)도, 내게 맡겨놓고는 몸져눕는 나날을 보내셨다.

그런 나날을 보내던, 어느 날 새벽이었다.
검은 정장 차림을 한 사람들이 구둣발로 들어와서는

"빨간 딱지들을 꼼꼼하게 붙이면서 떼시면 안 됩니다.!"라며, 억압적이고 상투적인 억양으로 상기시키더니 "아침까지 집을 비우세요!"라는 청천벽력 같은 말을 건네고는 검은 정장 차림의 사람들은 떠났다.

어머니는 세 남매를 껴안은 채 이른 새벽에 어디론가 전화하였다.
평상시 의좋게 지내시던 이웃 아주머니이고, 국민학교 동창의 어머니에게 전화하여 현재 처한 상황에 대하여 자초지종을 얘기하셨고, 동창 어머니의 배려로 연탄 창고에 임시 거주지를 꾸리게 되었다.

훗날, 이 사건을 놓고,
"홀로 배를 이끌고 운항했다!"
"선원 1명과 운항했다!"
"기관 고장으로 실종됐다.!"
는 둥 전후 담이 많았다.

아버지께서는 배를 인수할 분에게 손상 없이 인도하기 위해 전날까지 배를 조선소에 올려놓고 기관 엔진 점검, 배(목선) 손상 점검과 수리에 공을 들였고, 나와 남동생도 배 조선소에 아버님과 함께 갔었다.
그리고 아버지께서는 그동안 낚싯밥 조업 작업과 건

어물 작업으로 수고해 주신 아주머니들과 이웃을 초대하여 만찬으로 대접하시면서 오랜만에 행복해하시는 모습을 보았다.

　어머니는 간혹 그날을 회상하면 눈물을 글썽이셨다.
　그날 저녁은 화기애애하고 느지막이 까지 집안에서는 웃음과 아쉬운 얘기로 오갔다.

바위 위로 떠 오른 산호

그 시절에는
무심코 바라보기만 하였다

산호가 바닷가
바위 위로 떠 오른 연유를

어제는
바위 위로 떠 오른 산호를

깊이 있게
헤아려 들 여력이 없었다

검푸른 파도에
덮여 있었으니

어머니의 생선 장사와 중년 목사님

　세월이 약이라 했던가!

　몸져누워 계시던, 어머니는 우리 세 남매를 한참이나 넋 놓고 바라보셨다.
　어머니의 눈빛은 "내 새끼들! 끼니는 굶기지 말아야지" 하시는 듯 했다.
　그 눈빛을 저희에게 보낸 지 얼마 되지 않아 어머니

는 몸져누워 계시던 자리를 박차고 일어나서는 부둣가로 향하셨다.

처음에는 아버님과 평소 친하게 지내셨던 선주, 선장, 기관장, 사무장분들이 반찬에 보태라며 주시면서 덕담도 함께 건넸다.
"장사라도 해보시죠!" 도와드리겠습니다.
그 인연을 바탕으로 처음에는 동냥하시듯 얻은 생선을 반찬용과 판매용을 구별하여 시장 사람에게 팔았다.
인연과 경험이 쌓이면서 어머니는 팔을 걷어 젖혔다.
생선을 싸게 입찰 받아 고무대야에 담아 머리에 얹고서는 시골집을 가가호호 방문하며 장사를 하였다.
때로는 사람들이 버스를 기다리는 정류장에서 한동안 피난 장사를 하시다가 부둣가 한쪽에 자리 잡고 장사를 하셨다.
그나마도 여의찮으시면 강릉 시장 한 구석진 곳에서 좌판을 펼쳐놓고 종횡무진 억척스럽게 장사를 하시느라 늦은 귀갓길이 잦았다.
해서, 우리 세 남매는 어머니가 오시기만 기다릴 수 없었다.
오롯이 나와 남동생 그리고 아직 어린 여동생, 삼 남매 스스로 끼니를 해결해야만 했다.
그러다 보니 때론 이런저런 수모도 겪어내야 했다.

간혹, 동창 어머니가 김이 모락모락 나는 따뜻한 밥에 김장 김치를 챙겨주시면 삼 남매는 옹기종기 둘러앉아 게 눈 감추듯 맛있게 먹고 있는데 동창 녀석이 씩씩거리며 부엌문을 박차고 들어오더니, '이 거지 것들이! 내 밥을 다 처먹고 있다'며 맛있게 먹고 있던 밥그릇을 내동댕이치며 힘으로 제압하며 난동을 부렸는데, 그날부터 그 동창생 녀석은 우리 삼 남매를 거지취급하며 호시탐탐 괴롭힘을 당하는 수모를 겪었다.

그럴 때마다 어머니 생각에 설움이 북받쳐 울기도 하였다.

때로는 여동생이, 때로는 남동생이 동래 또래들에게 괴롭힘을 당할 때면, 나는 그가 누구든 간에 따지고, 대들다 보니 싸움에, 몰매질 당하는 날들이 부지기수였다. 그렇게 지내던 어느 날 이 광경을 목격하신 어머니는 이사를 다짐했고, 공중화장실이 있는 집으로 이사를 하였다.

이사를 오면서 어머니는 하시던 생선 장사를 접으시고, 조미 갑오징어 공장에서 조미 갑오징어를 가져와 손질하는 일을 수소문하여 세 남매와 함께 생활 기반으로 삼으셨다.

그런 생활이고 보니, 숙제 물(참고서, 노트, 등)이 있는 할 숙제를 못 해서 혼나고 힘든 나날이어도 하루하루를 어머니와 세 남매 가족이 함께 지낼 수 있어 나날이 행복했다.

그렇게, 하루하루를 보내던 어느 날이었다.
집 근처 땅바닥에 나는 나뭇가지로 산수 풀기와 한자 쓰기에 열중하고 있었는데 중년의 한 신사분이 그런 광경을 지켜보다 내게 다가왔다.
"몇 학년이지?"
"네!, 저는 "주영 국민학교 4학년"입니다."
"그래! 나는 저편, 언덕배기에 십자가가 세워져 있는 주문진 감리교회 목사란다."
교회에 열심히 다니면, 공부도 도와주고, 학용품도 나눠준다는 솔깃한 얘기를 하시면서, 교회에 다녀볼래 하고 물으셨다.

나는 그 중년의 목사님을 향해 큰 목소리로 "네!"라고 했다.

그 후로, 그 중년의 목사님을 바라보며, 나는 그 분을 뵙기 위해 꾸준하게 다니던 중 그 중년의 목사님은 타지로 가시게 되었고, 그 후로 나는 중학교 시절도 하루를 빠지지 않고 다녔다.

　고등학교 시절, 나는 "담임 선생님의 권유로 천주교"로 옮겼다.

감회에 찬 기쁨의 눈물

언제부터인가 나는 괜스레 피곤함이 나날이 늘었고, 귀에서는 고름이 흘러나오고, 잦은 숨 차오름에 옆구리 통증에 어지러워 쓰러지는 날이 잦았다.

그런 증상을 보이는 것을 나는 어머니를 비롯해 두 동생에게 들키지 않으려 전전긍긍했지만, 어느 날 이마에 비지땀을 흘리며 쓰러지는 나를 어머니가 보셨다.

그런, 나를 지켜보던 어머니는 걱정이 되셨던지 나를 앞세워 병원을 찾았다.

검사 결과는 결핵, 폐렴, 가슴막염 염, 중이염이라는 판정이 나왔다. 꾸준히 병원 약을 처방받아 복용하고 치료를 병행했으나 도저히 완쾌될 기미가 없었다.
어느 날 의사는 어머니에게 도저히 치료가 어려우니 "아드님이, 평소에 좋아하는 음식이나 많이 먹이세요!"라는 청천벽력 같은 "사망 선고" 처방을 내렸다고 한다.

주문진읍은 겨울철에 눈이 많이 내리는 날이면 눈이 지붕까지 덮는다.
눈이 지붕 높이까지 쌓이면 나와 남동생, 어린 여동생까지 옷을 두껍게 걸쳐 입고, 두툼한 겨울 장갑까지 끼고는 길을 뚫으려고 나와 남동생은 나무 삽, 여동생은 모종삽으로 눈을 조심조심 치우느라 비지땀을 흘린다.
그러던 어느 날 나는 어지러움 증상과 옆구리 통증이 심해져 비지땀을 흘리며 또 쓰러졌다.

어머니는 당황한 나머지 나에게 두껍게 옷을 입히고 준비해 둔 비료 포대로 내 몸을 감싸고, 밧줄로 칭칭 감고, 내리막길을 내려갈 때는 어머니 허리에 나를 밧줄로 엮어 묶고는 언덕길을 조심조심 신중을 다하느라 비지땀을 비 오듯 흘리셨다.

　내리막길에 계단이나 돌이 박혀있으면 어머니 등에 걸쳐 업고 내려가고, 평지에 다다르면 미끄럼 태우듯 끌었다 밀어내기를 반복하시어, 주문진에서 강릉 00 의원까지 눈을 맞으며, 눈밭을 헤집느라 어머니 얼굴에는 비지땀이 비 오듯 하였다.

　그렇게 도착한 00 의원 응급실에서 응급조치와 처방이 되었고, 나는 영양주사를 맞으며 잠들었다.
　깨어나, 주변을 둘러보니!
　여전히 나는 00 의원 병실이었다.
　나는 00 의원 병실 침대에서 자다 깨어나면!
　간호사 누나!, "우리 엄마 아직, 안 왔어요?"
　애절함이 담긴 힘없는 목소리가 안쓰러웠던지!
　간호사 누나는 "어머니가 곧, 오시겠지!"라며,
　철없는, 나를 토닥거려 달래주었다.
　어머니가 오실 때면, 나는 "집에 가자며, 어머니를 졸라 댔다."
　결국, 어머니는 나를 업어서 시내버스를 타고, 또 업어서는 집에 데려다 아랫목에 이불을 깔고, 눕혀 놓으시고는,
　"담임(백 시홍) 선생님을 찾아뵙고."

"학교 관계자도 찾아뵙고."

혹여,

"명의라면, 나를 업어서 찾아뵙고."

틈나는 대로 어머니는 민간요법을 수소문하며 다니시고, 들으시면 어떻게든 물어, 찾아, 구해, 어르고 달래 먹이셨다.

어머니의 그런 생활이 근 5년째 이어졌고, 재검사 결과가 거의 완치 결과를 받던 날이었다.

어머니는 감회에 찬 기쁨의 눈물을 흘리시며 주저앉았고, 그 결과에 의사도 감탄했고, 철없던 나의 두 눈에도 한없이 눈물이 흘러내렸다.

여름 방학

"마지막 잎새"가 떨어질라 고군분투하신, 어머니의 지극 정성에 나는 건강을 되찾아 가는 동안 중학생이 되어있었다.

중학교 등교 이래 첫 여름방학을 맞이하였다.
나는 그동안 병치레로 몸도 마음도 무척이나 쇠퇴해 있었다.

그래서인지 어디론가 홀로 훌쩍 떠나고 싶은 충동이 나날이 커졌고, 이 현상을 극복하고자 어머니와 상의 끝에 외가댁에서 홀로 여름방학을 보내기로 결정지었다.

나의 첫 중학 시절 여름방학은 그렇게 장식되었다.

노실 리 바닷가에서 그리 멀지 않은 언덕배기에 자리 잡고 있는 외가댁에서 조금만 걸어 나오면 은빛 모래사장에 은빛 수평선이 펼쳐진다.
바닷가 바닷물 속 바위 주변에는 홍합, 조개, 따개비, 참 골뱅이가 덕지덕지 붙어있고, 날씨가 화창한 날이면 바위 위로 해삼이 스멀스멀 기어오르고 있거나, 바위와 바닷물 경계선에는 전복이 다닥다닥 붙어 있다.

먹구름이 끼어 비가 보슬보슬 내리는 날이었다.
바닷가에는 윗부분이 뚫린 기름통에 장작불을 지펴 솥이 얹히면 바닷가에서 채취해 온 각종 해산물과 곡식 창고에서는 곡식 등 부엌과 붙어있는 소 축사, 염소 축사 위 창고에서 감자, 고구마를 꺼내 들고 와 밥을 짓고, 삶고, 구워 먹으면서 수영도 하고 바위 위에서 낚시도 하고 외삼촌이랑 뗏목을 타고 노를 저어 바닷가에서 바라보던 수평선까지 나아가 잠수도 하며 놀다 보면 어느새 해는 스멀스멀 어스름하게 수평선 아래로 저물어 갔다.

어느 날은 초등학교 여름 방학 시절에 사귀었던, 또래 집에 놀러 가서 온종일 놀았다.

어느 날은 외삼촌과 대나무로 활을 만들어 활쏘기 놀이, 고무총 만들어 고무총 싸움 놀이, 연을 만들어 연날리기 놀이, 굵은 나뭇가지로 새총을 만들어 새총 쏘기 놀이를 하면서 하루하루를 저물어 보냈다.

그렇게 여름 방학을 보냈고, 내일이면 집으로 돌아가야 한다고 생각하니 나는 저녁밥도 먹는 둥 마는 둥 싱숭생숭하였다.
그러다 부랴부랴 외가댁 뒷동산 언덕배기를 향해 내달렸다.

언덕배기에 우뚝 솟은 소나무 굵은 가지에 올라 걸터앉았고, 나는 저편 수평선에서 붉게 물들이며 수평선 아래로 저물어 가는 노을을 바라보며 다음 여름방학에는 남동생, 여동생과 함께 이 언덕배기에 올라 셋이 함께 저물어 가는 저편 해를 바라보기를 소원해 보았다.

또다시, 중학교 여름 방학을 맞이하였으나 이번에는 울진에 살고 계시는 이모 댁으로 나는 또다시 홀로 가게 되었다.

울진 이모 댁은 산등성이로 둘러싸여 있는 지형이 특징이다.

마을 사람들이 논과 밭을 경작하러 다니는 길거리에는 웅덩이에서 물놀이가 가능할 정도의 큰 홀 웅덩이가 곳곳에 자리 잡고 있다.

하루는 방귀쟁이 또래와 또래들과 함께 그 길거리 웅덩이 한 곳에서 더위를 식히고, 땀도 씻겨낼 겸 들어갔다 나왔는데, 거머리가 온몸 곳곳에 달라붙어 떼어내느라 식은땀을 흘렸다.

그럴 때 방귀쟁이 또래가 내 몸 등에 달라붙어 있는 거머리를 손가락으로 떼어낼 때마다 방귀를 뀌어대며 거머리를 떼어주는 통에 나는 조금 덜 떨었던 기억이 난다.

그 방귀쟁이 또래는 지금도 어디에선가 그렇게 방귀를 뀔까!

이모랑 고추밭에서 골을 따라 잡초를 뽑던 중 나는 뱀과 맞닥뜨리는 순간 온몸은 옴짝달싹 못 하고 고함도 내지 못해 뱀에게 물릴 뻔할 때 이모는 나를 지켜보고 계셨는지 찰나에 삽으로 내리쳐 기절시킨 다음 저 멀리 나뭇가지로 던져주었다.

하루는 마을 형들과 줄지어 소를 몰고 산에 가서 풀 먹이러 나무에 메어 둔 줄을 엉성하게 메어 두는 바람에 소가 줄을 풀고 이모 댁으로 간 줄 모르고 나는 소를 찾아 산속을 헤매다 산속에서 잠들어 버렸고, 한밤중에 이모와 이모부는 온 마을 분들과 횃불을 켜고 나를 찾느라 산속을 이리저리 휘젓고 다니시게 하였다.

또, 하루는 옥수수 밭에서 옥수수 수확을 거들던 중 진딧물이 팔뚝에 잔뜩 들러붙어 쏘여 쓰리어 진땀을 빼던 일들을 겪으며 울진 이모 댁에서의 여름 방학도 저물어 갔다.

그때 진딧물에 쏘였던 상처가 지금까지도 오른쪽 팔뚝에 희미하게 흔적이 남아 있다.

대장장이

꽃샘바람 불어 닥쳐
매실나무에 홍매화 활짝 피었다 지면

저녁 툇마루에 올라
오동나무의 전설 속에 머무느라
오뉴월 감기에 붉게 그은 얼굴

가을볕에 능선 타오르듯
붉게 단풍 지었던 마음속 연인

언덕배기에 날리어 쌓인 송홧가루
겨우내, 대장간 화롯불 쇠 가마 속에서
활활 타올라, 연금술사로 흩날렸겠지.

2부
지난날들을 회고하는

생에 첫, 공사 현장 노동일은 조흥장 모텔이었다.
지금도 그 건물을 지날 때면, 그때 그날 일들을
회상해 보곤 한다.

새장 밖으로 날아가다

　시끌벅적한 날들을 보내고, 살얼음판 삶이 찾아들어 보내고, 눈물 속으로 스며들던 날들에서 벗어나면 조용한 미소로 행복한 날들을 맞이하겠지 고대하던 날들이 엊그제 같았는데!

　어느새 초딩 시절에서 벗어나고 중학생 시절로 세 남매는 들어섰으니 말이다.

남동생은 중학교 과정 졸업을 앞두고 경북 구미공업실업고교를 야반도주하듯 입학하느라 중학교 졸업식이 마냥 기쁜 날만은 아니었다.

남동생은 구미공업고교 기숙사 생활과 균형 잡힌 식단에 힘입어 열심히 공부하여, 구미 (주)삼성 반도체 공채로 입사하였고, 군 병역도 구미 (주)삼성 반도체에서 방위산업체로 복무하면서 구미 (주)삼성 반도체 생산기술부 부장 직위까지 임용되었다.

남동생은 1남 2녀(장녀 정소영, 정혜미, 정인수) 세 자녀 모두 대학을 보냈다.

또한, 어머니가 병환으로 일을 놓고 몸져눕기 시작하면서 작은 의원에서 대학 병원의 일반 외래 비, 약값, 입원비, 수술비, 심지어 생활비까지 전담하며 무려 20년간 집안을 이끈 실질적 가장 역할을 도맡았다.

남동생 장녀 소영이는 어머니 살아생전 "집안의 첫 경사, 결혼 과정을 어머니와 함께 치러, 최고의 행복"을 안겨주었다.

여동생은 주문진 여자상업고등학교에 입학하였다.

여동생은 타자 1급, 부기와 주산 1급, 신사임당 교육원 과정 최우수상 수상 등, 우등생으로 졸업하여 (주)현대 백화점을 거쳐 (주)SBS 방송국 창립 직원으로 입사하였으나 수습 과정(시장 사전 조사)에서 가족의 확인 통화로 신분이 노출되었다는 사유로 도중하차를 맞이하였고 그 후 귀향해 지내다가 듬직한 배우자를 만났고 결혼하여 슬하에 아들 2명을 낳았다.

장남(진정호)은 부사관 과정을 거쳐 믿음직한 육군 부사관이 되었고,

둘째(진명근)는 "강원대학교·대학원 기계과를 장학생으로 과정을 졸업하였고, 여동생은 지금도, "골프 캐디" 일을 놓지 못하고 있다.

나는 강릉 상고(현, 제일 상고)에 입학하고 싶었으나 가정환경 탓에 주문진 수산실업고교에 입학하여 해군 부사관의 길을 선택하려 하였으나 뜻을 이루지 못했다.

실습 처인 부천시 소재 (주)우진전자에서 사회 첫발을 내딛고, 지역군 의무 복무, 경기도 광주시 소재 (주)삼성전자를 기점으로 서비스 업종, A/S 업체, 건설 노동자로 전전긍긍하였고, 지방 공무원 시험 준비를 하며 지냈다.

그 이후, 대통령 정책사업인 "129 변경 1339 응급의료 정부센터"에서 16년간 직장 생활 중, "손자, 결혼, 합의 이혼"의 뜻하지 않았던 과정과 "교도소 생활", "기초 보호 생활 대상자 10년여 간의 늪",에 빠져있을 때 아들

은 원주 의료 마이스터고를 자진하여 마치고, 군 의무병역도 방위산업체에서 필하였고, 대학교 대신 스스로 독학으로 국가자격증 등을 취득하며, 원주에서 독립생활 터전을 잡아가려는 기특한 아들로 성장하였다.

지금은 그런 지난날들을 회고하는 시인과 수필가로서 필두로 취미와 일을 하며 지낸다.

친구와 동창생

　서서히, 더위가 무르익어가는 고교 2학년 여름 방학을 앞둔 점심시간이었다.

　점심을 먹고 더위를 식힐 겸 학교 공중 세면대에서 수돗물을 콸콸 틀어놓고 얼굴과 목을 축이고 머리에 수돗물을 끼얹어 더위를 식히고 있었다.

한 동창이 내 옆으로 와서 나란히 서더니 말을 건넨다.

"나는 "최 찬선이라고 해! 너 정 위영이지해. 풍 축제 때, 운동장 교단에서 영어로 웅변하는, 너를 봤지, 잘하더라!"

"그래, 그렇게 봐줘서 고맙다. 찬선아!"

찬선이와 그렇게 친구가 되었다.

고교 2학년 2학기가 시작되던 날이었다.

속초 고교에서 문제를 일으키고, 무기정학 처분을 받았는데, 본교에서 무기정학 처분에서 벗어나 계속 학업 성취도가 여의치 않은 학생 두 명이 나의 모교 수산 실업고교로 전학을 왔다.

그 둘은 나보다 2살이나 많았고, 그 둘은 내 앞에 한 명, 내 뒤에 한 명이 자리를 배정받게 되었다.

그런 연유로 나는 그 둘과 자연스럽게 친하게 지낼 수밖에 없었고, 그 둘과 친해지려 애썼다.

그렇게 지내다 여름 방학을 앞두고, 그 둘은 나를 "속초로 초대하고 싶다면서, 꼭! 놀러 와 달라"라는 제의를 받았다.

나에겐 곤혹스러운 뜻밖에 제의였고, 이러지도 저러지

도 결정을 쉽게 내리지 못하고 전전긍긍하고 있었다.
 그렇게 고민하던 중, 공동 수돗가에서 세수하는 찬선이가 눈에 들어왔고, 나는 곧장 찬선이에게 다가갔다.

 찬선이에게 다가서는데, 찬선이가 먼저, 말을 건네왔다.
"너, "쟤네들하고 친하냐?"
"응! 속초 고교에서 문제를 일으키고 전학을 왔는데 같은 반에 내 앞 책상에 한 명, 내 뒤 책상에 한 명씩 책상을 배정받았는데 친하게 지내자며, 손을 내미는 통에 어쩔 수 없이 친하게 지내게 되었어! 그런데, 이번 여름 방학에 속초로 꼭 놀러 오라고 자꾸 졸라 되는 통에 얼떨결에 수락해 놓고 보니, 이래저래 고민이다."
 "뭐가 고민인데!"
 "속초로 가려면, 여비를 마련해야 하니 고민이지!"
 "그렇겠구나!"
 그렇게, 찬선이와 나는 나무 그늘에서 한참을 멍하니 하늘만 쳐다보았다.
 그러다, 찬선이가
"샌드위치 땅콩 크림 빵이나 먹으러 가자!"
하여, 찬선이와 나는 "샌드위치 땅콩 크림 빵을 사려고 학교매점으로 향했다.
 그렇게, 나는 여름 방학을 앞두고 있었다.

소금강 할머니

　속초 고교에서 전학 온 두 동창생이 초대했고, 초대에 응하겠다고 했으니 여비를 어떻게든 마련해야 했다.

　여름 방학을 맞이하고 지내던 어느 날이었다.
　찬선이가 느닷없이 연곡 소금강에 오징어 팔러 가자며 배낭에 오징어 몇 축을 넣어 메고 우리 집에 찾아왔다.

"위영아! 여비, 마련하러 가야지. 뭐해! "얼른, 채비하고 나오지 않고"

"응."

그렇게, 둘은 무작정 시내버스를 타고 강릉 연곡면 소재지 소금강으로 향했다.

도착해서 살펴보니, 놀러 오는 사람들이 뜸했다.

첫날은 둘 다, 오징어 한 마리도 못 팔았다.

그다음 날도 별 진전이 없었다.

그럴 수밖에, 마음만 앞섰기 때문이었다.

진전이 보이질 않자 찬선이는 미안했는지 이 오징어를 장사 밑천으로 삼아 여비에 보태 쓰라며 오징어 한 축과 배낭을 내게 건네주며, "잘해봐라!" 하고는, 찬선이는 집으로 돌아갔다.

나는 소금강을 오르고 내려가기를 반복하며 비지땀을 뻘뻘 흘렸지만 별 진전은 없었다.

결국, 기진맥진으로 땀범벅이 된 얼굴과 목도 축일 겸 소금강 계곡 따라 흐르는 냇가에서 세수도 하고 목도 축이며 잠시 쉴 겸 음지쪽에 쪼그려 앉아 계곡 아래를 멍하니 내려다보고 있었다.

대학생 형님뻘쯤 되어 보이는 장사꾼이 대학생 명찰을 목에 긴 목줄을 걸고 있었는데, 그 긴 목줄을 내밀며

오징어를 팔고 있는 모습이 내 눈에 선하게 비쳤다.

그래서, 나는 벌떡 일어서 단숨에 그 장사꾼에게 달려갔다.

"안녕하세요! 형님. 저는 "정 위영이라고 합니다. 형님께서 장사하시는 모습을 지켜보다. 동병상련 마음이 들고, 어떤 형님일까 궁금하기도 하여 인사차 이렇게 불쑥 찾아뵙게 되었습니다."

나는 "만나 뵙게 되어 반갑습니다." 형님께, 넙죽 인사부터 하였다.

그 형님은 힐끗 쳐다보더니,

"너도 오징어 장사하러 왔냐?"

"네."

통성명이 오고 갔고, 나는 기회다 싶어 "친한 척, 너스레를 떨면서, 장사를 하게 된 사정 얘기"를 털어놓았다.

잠깐만의 대면과 눈동냥으로 그 형님의 장사 잘하는 요령을 터득하였다.

나는 그 형님 덕에 나날이 한 축, 한 축 장사가 늘어나던 어느 날이었다.

소금강 입구인 쪽 모퉁이 음지에서 쪼그려 앉아 고무대야에 보일 듯 말 듯 담긴 산나물을 담아 놓고 장사하시던 할머니가 손짓으로 나를 불러 세웠다.

"안녕하세요? 할머니!"

"오징어 드릴까요,"

"아닐세! 오징어는 됐고. 자네, "여기 잠깐 앉아보게나!"

"아, 네!"

"보아하니, 고등학생 같은데, 친구들은 여름 방학 생활을 산과 바다에서 신나게 보내는데, 자네는 이렇게 더운 날 오징어 장사를 하는 연유가 궁금해서 이렇게, 자네를 불러 앉혔네. 잠깐 시간 내어 이 할미에게 그 사연을 좀, 들려 줄 수 있지!"

"네, 저는 속초에서 저의 모교로 전학 온 반 동창생이 저를 이번 여름 방학에 초대했고, 그 약속을 지키기 위한 여비를 마련하기 위해 고민하던 중 친구가 마련해 주어 이렇게 장사를 하게 되었습니다. 할머니!"

할머니는 나의 얘기를 귀담아들으며 나를 뚫어져라 쳐다보더니, 내게 얘기를 하였다.

"자네!, 오징어 장사를 해서 돈을 벌 거든 여기 땅을 꼭, 사 두게!"라고 말씀해 주셨다.

그 말을 듣고 나서, 나는 할머니에게
"좋은 말씀을 해주셨어, 감사합니다."라고, 인사를 하였다.

나는 오징어를 팔기 위해 자리를 박차고 일어났고,
나는 오징어 장사를 끝낼 쯤 그 할머니가 생각이 났고,

나는 장사를 접고 남은 오징어를 그 할머니께! 드리려고, 그곳으로 다시 찾아갔으나 그 할머니는 계시지 않았다.

그러고 보니 오징어를 한 마리라도 더 팔려고 이리저리 뛰어다니느라, 신경을 못 썼지만 그 후로 뵙지 못한 것 같다.

간혹 그 할머니 생각을 떠올린다.

고교 실습생 시절

　나의 모교는 졸업을 앞둔 실습 기간이 도래되면 실습할 곳을 구하기 위해 취업 담당 선생님과 담임 선생님은 마치 전쟁터에 나가는 마음 자세로 "동분서주"하신다.

　나는 강릉(주문진읍 소재) 수산실업고등학교 통신과에 입학, 일찍이 "해군 부사관" 특기생으로 지원하여 진로를 결정지으려 하였다.

하지만, "해군 부사관" 특기생 지원은 여의찮았다.
해서, 타결책으로 "해군 통신병"으로 자원하여 차후 부사관 자원 훈련 과정의 기회를 잡아볼 아량이었으나, 그마저도 뜻대로 되지 않았다.

여담으로, 아버지께서는 어업인이셨고, 바다에서 조난을 당하셨고, 생사조차 알 길이 없었다. 해서, 졸지에 해난 어업인 가족이 되었다.
그 "해난 어업인 가족 기록이 악영향을 초래"한다는 지인분의 얘기를 들었지만 나는 개의치 않았다.

대한민국은 남과 북이 갈라져 대치하고 있어서 남자들은 "군 의무를 필해야, 사회로 진출할 기회를 자유롭게 부여되는 상황"이라, 더 이상 내가 할 수 있는 여지는 없었다.

나는 공무원 등 공공기관 응시 준비를 하며 기다리던 중 마침내 내 실습 처가 정해졌고, 간단한 면접도 통과하였다.

부천에 소재한 (주)우진 전자 회사에 실습 처를 확정

받고 전국에서 공업 고교 출신 실습생들이 모여든 수가 어림잡아도 대략 200~300명쯤 되어 보였다.

그러나 교육 기간에 탈선하는 실습생, 현장 실습 과정에서 탈선하는 실습생을 거쳐, 최종 시험을 치르는 과정에서 최종 선발된 실습생은 4~5명쯤 남겨졌다.

나는 교육과정을 우수하게 마쳤다.

최종 선발에서 자재과에 배치되어야 했지만, 납 도금 부서에 첫 배치를 받고 이른 아침부터 새벽까지 웅덩이 화롯불에 동 PC 기판을 두꺼운 장갑을 끼고 담갔다 건져내는 납 도금 공정을 새벽 동이 틀 때까지 하였고, 동 도금 부서로 배치되었을 때에는 자동 라인에 PC 기판을 하나씩 꽂아 PV 동 기판에 잉크 인쇄된 선로 부분 외에 PC 기판에 도금된 동을 녹이는 공정이었고, 금도금 부서에 배치되었을 때는 동 도금 공정 과정과 흡사한데 PC 입력 단자 부분에만 금도금을 입히는 공정 과정이었는데 특히 사금 투입량과 시간 계산인 화학 공식 부분에 온 신경을 곤두세워야 했다.

필름 실과 NC(PC 기판 자동 홀 처리 공정) 부서 공정은 서로 밀접한 관계로 수치 입력과 사전 검사를 철저히 해야 한다.

끝으로 기획실은 모든 공정에 신경 써야겠지만 불량

제품을 수정 및 처리(폐기 및 재 공정) 확정 짓는 부분이 핵심이다.

   나는 명실공히, 전 공정을 마스터하였고 고대하던 "입영 통지서"가 날아들었다.

   나는 (주)우진 전자에 입대 사유로 사직서를 제출했고, 군 의무를 마치고 재입사 기회를 제공해 주겠다던 "공장장님과의 약속"에 재입사 신청을 하였으나 재입사는 허용되지 않았다.

나의 군번은 92655358이다

   나의 모교는 해군 부사관 제도가 있어, 학업 중 해군 부사관에 자원을 희망하면 학업(등록금) 장학금이 지원되었다.

   해서, 나는 해군 부사관에 자원하였으나, 뜻을 이루지 못하자, 해군 통신 기술병으로 자원입대하여, 부사관 자원 제도를 염두에 두고 자원하였으나, 이 또한, 뜻을 이루지 못하였다.

나는 "육군 제36사단 58연대 1670부대 훈련소 입소 훈련 통지서"를 명 받았고, 때는, 1986년 3월 3일이었다.
초봄이긴 하여도, 아침 기온은 여전히 싸늘하였다.
나는 4주간의 훈련기간 입소에 걸맞게 머리로 바짝 깎고, 친구들의 별스러운 위로를 받으며, 훈련소 입소 전날을 보냈다.
다음날, 훈련소에 입소하여 훈련소 훈련 내무반을 배정받고, 군화. 훈련복 등을 지급받아 관물대에 각을 세워 정리하였다.

첫! 점호 시간을 맞이하여, 내무반의 숙지 사항을 하달 받고, 설레는 첫날 밤, 내무반 취침을 맞이할 순간이었다.
내무반 내 당번 훈련병의 "전원 지침!" 명령이 하달되었다.
나는 내무반 취침 적응이 아직 되지 않아, 훈련생 숙지 사항을 숙지하려던 순간, 당직 내무관의 "기상 명령" 호령이 떨어졌다.
내무반, 전 훈련병! "훈련소 운동장 집합~"
당직 내무관의 기상 명령에 맞춰, 나는 취침 복장 상

태 그대로 뛰쳐나갔다.

당직 내무관의 호령에 맞춰!

"양팔 벌려 줄 맞추어서~"

"오른쪽 맨 앞자리 기준 좌로 번호~"

내무반 인원 점검이 끝나자, 당직 내무관의 "군기 잡기 훈련"은 이제부터 시작되었다.

"앞으로 취침, 뒤로 취침, 우로 굴러, 좌로 굴러" 호령이 끝났는가 싶었는데,

"뒤편!, 축구 골대 돌아 선착순 1명" 호령이 떨어졌다. 슬리퍼 신고, 운동화 신고, 군화 끈은 묶지 않은 채 신고 뛰는 훈련병 등 제각각이었다.

첫 번째로 들어오지 못하고, 재차 뛰어 돌기를 시작할 때면, 벗어들고 뛰는 등 선착순 1등으로 돌아오려는 훈련병의 모습은 필사적이었다.

앞으로 넘어지고, 좌측으로 우측으로 넘어지고, 뒤로 넘어지며, 재차 뛰어 돌아오는 동안 이어지는 지적 벌칙 훈련은 "땅에 머리받기, 머리 받고 한쪽 다리씩 번갈아 들기, 양팔 벌려 비행기 날개 자세" 등, 정신없는 군기 잡기 벌칙 훈련은 새벽까지 이어졌다.

마지막 군기 잡기 벌칙 훈련은 물웅덩이에 풍덩, 온몸을 적시며, 내무반으로 뛰어 들어오기였다.

내무반에 들어선 훈련병은 군기가 바짝 들어갔고, 점호 구령도 우렁차게 일체를 이루고서야, 안락한 취침에 들 수 있었다.

기상나팔 소리에 맞춰 구보 차림으로 구보하고, 내무반 정리 정돈을 마치고, 내무반 침상 마루에서 좌상 자세로 꼿꼿하게 대기를 하면, 훈련소 당직관의 "아침 식사 명령"이 떨어졌다.

일사천리로 줄을 서서 "뜨거운 라면"을 배급받아 식탁에 앉아, 대기하였고, 훈련소 당직관의 "식사 시작!" 명령이 떨어지면, "감사히 먹겠습니다!." 라는 구령과 함께 "30초, 수직과 직각의 뜨거운 라면 아침 식사"는 입천장만 쓰리게 달군 국물 식사였다.

"식사 끝!" 명령이 떨어지면, "식사 끝!" 구령과 동시에 일제히 일어서, 짠 밥통에 버리려고 가는 도중에 몰래 뜨겁고, 부르튼 라면을 먹다가 들키면, 식대를 입에 물고, 양손은 뒷짐 쥐고, 앉아서 걸어가는 벌칙에 "라면과 국물을 얼굴에 온통 뒤집어쓰고, 손으로 주워 담"는 벌칙 해프닝은 한동안 이어졌다.

2주째부터는 식사는 여유로워졌으나, 훈련의 강도는 높아졌다.

그렇게, 4주간의 훈련소 훈련 과정을 나는 무탈하게 마치고, "연대, 대대, 중대에서 출·퇴근 대기를 걸쳐 복무할 부대 배치"가 이루어졌다.

    나는 연대·중대 본부 대기 때, "타자 특기병"으로 지목되어, 해안 중대 본부 행정반에 비 파견병으로 배치되었다.
이 당시, 무장간첩 침투 사건으로, 공식 혹은 비공식 무장간첩침투 소탕 작전이 비일비재 이루어졌는데, 이 당시 중대 본부 행정병의 휴가를 대체하여 행정 당직을 수행하던 중, "무장간첩 침투 소탕 작전 대처에 핵심인 보고"를 잘 수행해 사단장 표창이 있었는데, 나는 단기 사병이고 비 파견병이라는 사유로 사단장 표창장에서 제외되었다.
    나는 1987년 9월 2일.
"단기 사병으로 18개월의 군 의무 복무는 소집 해제" 되면서, 사단장 표창장에 관한 대대장 "침묵의 약속 대면"에서 암묵적 요구가 있었다.

    나의 군번은 "92655358"이다.

갈피를 잡을 수 없어도

하늘에

짙은 구름이 깔리기 시작하면
송엽은 한층 더 두꺼워지고

먹구름이 끼고
구름의 눈이 번뜩이면
수관은 두 팔 벌리듯 치달리고

땅의 겉면이 흔들리고
땅이 용솟음 일라 싶으면
수관은 땅굴 속으로 내달린다.

사회 초년생

때는 1987년이었다.

북구 팔달동 소재 (주) 삼성전기에 "무선설비 기능사 2급 국가 자격증 취득자 자격"으로 특채 입사 면접을 보았다.

나는 (주)삼성전기 특채 입사 지원서에 3차 모두 TQC

부문에 지원하였다.

 왜냐하면, 군 훈련소에 입소하기 전까지 (주) 우진전자에 입사하여 "납 도금에서 생산 기획실에 이르기까지, 전 공정을 18개월 만에 접할 수 있었던, 동력이 TQC 분임조 활동"이었다.
 그 당시에는, 전국적으로 "TQC 분임조 활동 대회가 활성화"되었던 시기였다.

 그런 연유로 저에게도, "기회가 부여됩니까?"
 면접관에게 조심스럽게 여쭈어보았다.

 (주) 삼성전기 입사 시스템은 여러 부서에 현장 체험을 거쳐, 최대 적성에 적합한 부서에 최종 배치 결정되므로, 나에게도 기회가 부여된다고 하였다.

 첫 부서 배정은 콤프레셔(compressor) 자동 생산 공정 부서에 배정받았다.
 자동 공정에 수치와 수량을 입력하고, 자동 공정에 돌입되기 전 일부 자동 생산 공정이 이루어지면, 생산량 중 무작위로 선정하여, 품질 상태, 정밀 측정기 점검 등 이상이 없으면, 자동 생산 공정이 이루어진다.
 그러면, 나는 잠시 생산 공정 밖으로 향하였고, 밤하

늘 별을 우러러보며 위안을 삼았다.

밤하늘에 초롱초롱 빛나는 별 중에, 고향에 계시는 어머님 닮은 별을 찾아 우러러보는 그런 마음으로, 어머니도 밤 하늘 별을 바라볼 때면, 그런 마음으로 저희를 바라볼 거로 생각하였다.

그렇게, 3개월을 보냈고, 다른 부서 배정을 기다렸으나, 소식이 없어, 재차 기회 부여를 요구했지만, 기회 부여의 기미는 없어 보였다.

그래서, 나는 사직서를 제출할 결심을 하였고, "10여 군데 넘는 부서, 담당 과장의 결재"를 나는 일일이 찾아 뵈며, 대면 사직서 결재를 받아와야만 하였다.

쉬는 시간에, 점심시간에, 근무를 마치고 부서를 방문하며, 담당 부서 과장 결재 받으러 다니던 중, 내가 배정받은 공정부서의 "조장이 씩씩거리며, 내게 다가와서는 너의 사직서 제출 때문에, 내가 반장 진급"을 못했다는 황당한 몰매를 맞았다.

그 후로, A/S 기술 부문에 도전하였지만, 악재의 연속이었다.

지방 실업고교의 한계를 실감하며, 나는 지방 공무원 시험 준비를 위해 주문진 고향으로 내려왔다.

하루하루를 시내 도서관이나 기웃거리며, 보내는 모습이 좋아 보일일 리는 없었다.

그렇게 지내던 어느 날, 주문진 터미널 맞은편에 건물을 짓고 있었고, 나는 공사 현장 반장님이라는 분을 찾아갔다.

제가 "여기, 공사 현장에서 일하고 싶습니다."라고 했더니, 반장님은 나를 "한번, 훑어보시더니, 일당은 이만 오천 원이고, 일할 생각이 있으면, 내일부터 나와라!"고 하였다.

다음 날 아침, 나는 일찍이 공사 현장에 도착하였다.

한 분, 한 분 공사 현장에 도착하면, 나는 일일이 인사를 했고,

그럴 때면, "너, 몇 살이냐?"

"이 일은 해봤냐?"고 물으셨고,

나는 "처음입니다."라고 답하였다.

이윽고, 반장님도 출근하셨길래, "반장님! 안녕하십니까?"

반장님은 나를 보자마자 "멀뚱멀뚱, 뭐하고 있어!"라며, 불호령이 떨어졌고, 나는 자갈을 체에 거르는 일, 모래를 체에 거르는 일, 벽돌, 자갈, 모래 등짐 쥐어 나르기, 철근 나르기, 시멘트 반죽하기, 긴 장화 신고 긴 철봉 들고 시멘트 반죽 채운 곳 빼곡하게 채워주기, 목

수 보조 일 등, 공사가 완공될 때까지 정신없는 나날을 밑바닥 작업에서 건물이 올려지고, 내부 공사 일을 하면서 건물이 완성될 때까지 일을 하였다.

생에 첫, 공사 현장 노동일은 조흥장 모텔이었고, 지금도 그 건물을 지날 때면, 그때 그날 일들을 회상해 보곤 한다.

외할머니의 나들이

 어느 날, 귀띔도 없이 외할머니는 주문진에 오셨어는, 어머니에게 "여기, 주문진 시외버스터미널"이라며 전화하셨다.

 어머니는, 외할머니에게 "터널에서 기다리고 계세요!"라고 당부하시고는 어머니와 나는 부랴부랴, 외할머니를 모시러 주문진 시외버스터미널로 향했고, 외할머니를 모시고 집으로 왔다.

　외할머니는 "생에, 처음으로 큰딸 집"에 다니러 오신 것이었다.

　어머니는 외할머니와 집에 도착하자마자 다짜고짜, 외할머니에게 "한숨, 돌릴 틈도 주지 않고, 웬 행차 시요!"라며! 다그치듯 묻자 "요즘은, 몸이 예전 같지도 않고, 농사짓기도 버거워, 농사일을 많이 손을 놓고 보니 짬"이 나서 귀띔도 없이 큰딸 집에 다니러 오시게 되셨다고 하셨다.

　어머니도 세 남매와 함께 노곡리(당시, 노실 리) 외할머니댁에 방학을 맞이하여, 다녀온 것이 언제인지 가물가물하였다.
　세월 참!, 빠르다는 것을 어머니와 외할머니가 또 한 번 새삼 느껴지는 순간이었다.

　7년여 세월이 엊그제 같았는데, 외할머니 얼굴 주름은 "밭을 갈아 골을 낸 형색"을 하고 계셨다.
　외할머니는 오시는 날부터 "뭔, 할 말씀이 그리도 많으셨는지!" 끼니를 잡수시는 동안에도, 어머니의 얼굴을 마주 대하며, 앉아서도 누워서도 이런저런 얘기들로 잠은 거의 주무시지 않고, 밤이 새도록 이야기를 이어가셨다.

그러던 와중에 외가댁의 "정보통이자 해결사"이신 울진 이모의 전화가 걸려 왔고, 그 통화가 끝나고, 얼마 지나지 않아, 진도에 살고 계시는 이모에게도 전화가 걸려 왔다.

외할머니께서는 셋째 딸, 울진 이모의 성격 탓에 통화는 쉴 새 없이 가끔 박장대소 하셨고, 진도 이모와는 속삭이듯 통화하셨다.

그렇게, 주문진 집에서 밤은 깊어만 갔다.

다음날, 외할머니께서는 속초 막내 외삼촌댁으로 가시기로 속초의 막내 외삼촌과 약속이 되어있었다.

외할머니는 내일, 속초로 가시기로 되어있었다.

전날 밤, 주무시기 전에 내게로 살며시 다가오셨다.

저의 "두 손을 꼭! 잡으시고는 조만간, 이 할미가 기별할 테니, 이 할미랑 진도에 함께 다녀오자"며, 울먹이는 목소리로 거듭거듭 제 두 손을 꼭! 붙잡으시며 부탁하셨다.

외할머니!, 저는 "언제든지, 시간을 내어 드릴게요." 걱정하지 마세요!

그래! "고맙다."

그럼, "이 할미가 기별하마!"

외할머니!,

저는 "언제든지, 시간을 내어드릴 테니, 진도 이모 댁으로 가시는 날이 정해지면, 저에게 기별해 주세요!."

외할머니는 저에게 "확답을 거듭거듭 받으시고서야!"

외할머니는 잠을 청하러 안방으로 들어가셨다.

다음 날 아침, 외할머니께서는 일찍 일어나셨다.

속초 막내 외삼촌 댁 행차 준비를 마치자, 아침도 거른 채, 속초 막내 외삼촌 댁으로 가시려고 했으나,

어머니의 성화에 못 이겨 "드시는 둥, 마시는 둥" 아침을 드시고는 서둘러, 속초로 향하셨다.

속초 막내 외삼촌 댁에 도착한 외할머니께서는 "장녀, 어머니와 둘째 딸 이모 그리고 셋째 딸 울진 이모와 함께 전화 통화를 번갈아 하시면서, 속초 막내 외삼촌 댁에서 하루를 지새웠다.

외할머니는 그렇게, 시간을 보내시고 노곡리로 되돌아가셨다.

그리고, 얼마 지나지 않은 날에 외할머니로부터 기별이 왔고, 나의 봉고차로 외할머니와 함께 진도 이모 댁에 갔다.

파혼과 이별

　1991년 7월 1일 춘천 적십자 지사 129 응급의료 정보센터가 첫 발령지였고, 낮과 밤 근무가 공존하는 3교대 체계에 적응하는 데 시일이 좀 걸렸지만 "사람은 환경의 동물"이고, "직장과 체계는 불가분의 관계 형성"을 일컬어, 인간만사 새옹지마라 했나 보다 그래서, 한림대 야간 보건 행정학과 만학도의 길을 선택하여, 마음가짐을 다잡아 편입 준비를 하며, 나날을 보내던 중이었다.

춘천 위도 부근에 소재한 삼청동 개척 교회 권사님 한 분이 부흥 선도 차, 당직 근무를 하는, 나를 찾아오셨다.

나는 때마침 준비된 차와 다과를 내왔고, 국민학교 4학년 시절부터 중학교 시절까지는 기독교, 고등학교 3학년을 천주교로 개종하였다.

그런 탓에 "주기도문과 기도"로 시작하였다.

권사님은 그런 나의 자세에 당직 근무 시간에 방문한 목적을 뜸 들이지 않고 말씀하셨다.

나에게 "청년부장 역할을 맡아주시기"를 권하였고, 고민 끝에 나의 "만학도 계획"을 말씀드렸더니, 흔쾌히 수긍해주셨고, 도와주시기로 하셨어, 나는 주저없이 수락하였다.

또한, 틈틈이 권사님, 집사님, 목사님을 자주 찾아뵙고 올바른 청년부장 선도를 위한 자문과 야간 대학 입시 준비를 병행하였다.

그렇게 지내던 어느 날, 어머니에게서 전화가 걸려 왔다.

남동생과 만삭이 된 제수씨가 어머니와 가족에게 결혼 승낙 차 인사 올 예정이니, 날에 맞춰 꼭, 내려오라는 내용이었다.

그렇게, 앞날에 맞이할 "나의 슬픈 서막"은 시작되었다.

만삭으로 결혼 승낙을 받으러 온 제수씨에게 어머니는 느닷없이, "집안의 장남이 아직 장가를 안 갔으니, 장남의 결혼 성사 후"로 미뤄야 한다며 요지부동이었다.

해서, 어머니는 부랴부랴 외가댁에 이런 사정을 덧붙이어, 나의 결혼 상대자를 물색하던 중, 춘천에서 직업군인인 외척 덕에 한 여성과의 중매가 이뤄졌고, 일사천리로 진행되던 중 결혼을 앞두고, 여성 집안의 "갑작스러운 파혼 통보"로, 나의 결혼 첫 단추는 "그렇게 채워졌고, 남동생의 결혼식도 파열음" 속에서 치렀다.

그 이후로, 나는 "삼천동 교회 청년부장 선도 활동도, 만학도의 길도 의욕 상실로 지지부진"을 면하지 못하였다.

결국, 나는 "강릉 129 응급의료 정보센터가 발족하면서 전근을 요청"하였다.

강릉으로 전근을 오면서 이대로 지내면 안 되겠다 싶어, 수산 실업고교 은사님이 운영하시는 "극단 사람들"을 찾았다.

마음의 안정과 성격도 개선할 요량으로 단원이 되었고, 극단과 직장을 오가며 지내던 중, "내 마음을 파고드는 여인"이 생겨났다.

그녀가 나를 마주 보며 웃음을 선사할 때면, 나의 얼굴은 "낭랑 18세 수줍은 소년"이었다.
그렇게, 하루하루를 "내 가슴 속에만 간직한 채" 흘렀다.

"지성이면 감천"이라 했던가!
그녀도, 동료 단원도, 은사님도 결국, 인지하게 되었다.
그 후로, 단원은 그녀와의 만남 자리를 자연스럽게 마련해 주려 하였고, 그녀 역시도 마음의 문을 열려 하였다.

아, "운명의 장난인가!"

견습 단원인, 최정균의 적극적인 애정 공세에 이 또한, 뜻대로 이루어지지 않았다.

얄팍한 겉옷에 적시는 비지땀

한 손에 이끌리던
두근거리던 어린 가슴에 꿈나무 심고

싸늘한 봄의 정기를 맞이하고
따가운 한여름 햇살을 맞이한다

동무들과 옹기종기
출렁거리는 산과 바다를 향해
웅성웅성 이고

오곡백과 넘실거리는
가을 운동회를 맞이하면

모교 운동장에서 휘날리는 혈기에
온통 먼지를 덮어쓰고

꽁꽁 얼어붙는 한겨울
추위 속에서도 얄팍한 겉옷 걸치면
썰매놀이에 비지땀 적신다.

종용

 직장 소재지가 강릉이라 강릉에서 보내던 2000년 어느 날, 나는 주문진이 아닌 연곡면에 소재지를 둔 카센터에 손님으로 갔었고, 주문진 중학교 동창생도 그날 그 카센터에 오게 되었다.

 차량 수리가 될 때까지 기다리던 중이었다.

그것이 인연으로 이어지려고 했었는지, 서로 통성명을 하게 되었고, 그와 내가 서로 동창생임을 알게 되었다.

둘은 그날부터 서로 연락하며, 지내게 되었다.

이 친구는 진득한 직장 생활보다 자신이 하고 싶은 일을 찾아서 하는 성격의 소유자였다.

하루는 그 친구가 "오늘, 시간 있냐?"고 물었다.

얘기인즉슨, 시간이 되면 대구 등 아래쪽으로 버스를 보러 가는 데 같이 가자는 것이었다.

그 이후로, 둘은 서로 쉬는 날을 택하여, 여행 삼아 자주 동행하게 되었고, 그 친구의 친구들과도 자연스럽게 통성명하며, 어울려 족구, 술자리 등을 하면서, 때로는 불협화음으로 티격태격하기도 하였다.

그날은 나는 쉬는 날이었고, 전날 마셨던 술 해독이 덜 되었는지 아직, 잠자리를 박차고 일어나지 못하고 있었다.

그 친구의 친구로부터 전화가 걸려 왔다.
이 친구는 건설 현장 초급 관리자로 시작하여, 하청 사업가로도 왕성한 자부심이 강한 성향의 친구였다.

어느 날, 그 친구로부터 전화가 걸려 왔다.

"집에서 뭐 하냐!"

나랑 인제에 "송어회나 먹으러 가자!"

내가, "잘하는데! 알고 있으니 얼른 나오라"며 성화였다.

"때마침, 잘됐네!"

엊저녁 과음으로 속이 쓰리던 차였는데, 숙취 해장에는

"민물송어회도 그만이지!"라고 말하고,

나는 외출 준비를 마치고는 곧장, 그 친구에게로 쏜살같이 달려갔다.

그 친구는 나를 보자마자,

"너, 차로 가자!"며 막 도착한 나를 재촉했다.

내 차는 기아 비스토 차종으로 출고된 지 10개월밖에 안 된 새 차였지만, 인제는 도로가 굴곡이 심하고 가파르다.

"친구야! 내 차로는 안심이 되지 않아!"

그러니, "너 차로 가자!"고 했지만,

그 친구는 극구 내 차로 가자 하여, 할 수 없이 내 차로 가게 되었다.

점심때라, 실랑이할 새 없이 치달았다.

이제, "저, 고개만 넘으면 인제지!" 친구

평소에 말이 많던, 그 친구가 그날따라 말이 없었다.

나도 "속이 허한지라, 운전에만 몰두"하였다.

언덕을 들어서면서 "반쯤, 치달았을까!"

언덕에서 승합차 한 대가 내려오고 있었는데,

어찌 된 까닭인지 그 승합차는 "지그재그 주행"으로 빠르게 내려오고 있었다.

그 언덕 도로는 "2차선 오르막이고, 양쪽 도로 경계선 밖은 낭떠러지"였어, 도로 경계선 밖으로 피해 운행할 공간"이 없었다.

이 상황이 당황스러운 순간, 그 친구가 내게 말을 건넸다.

"어차피, 피하지 못할 것 같으니!"

"병신이 될 바에, 죽는 것이 더 낫다."며,

속력을 더 내자고 하여, 나도 얼떨결에 속력을 냈었고, 잠시 후 그 승합차와 부딪쳤다.

그 순간, 그 광경을 운전석과 보조석에 앉아서, 둘은 "범퍼부터 찌부러져 들어오는 소리와 광경을 고스란히 귀로 듣고, 눈으로 보는 순간", 내 차는 부딪혀 튕겨 나갔다.

그 후로, 나와 그 친구는 119구급차로 인제 고려병원 응급실로 후송되었으나, 나는 응급 환자로 강릉 아산병원 응급실로 후송될 때까지 온몸을 떠는 것 외에는 아무런 증상이 없었는데, 시간이 지날수록 신경에 감각이 없었고, 식물인간에 준하는 의사 진단이
내려졌다.

그렇게, 응급 치료와 치료를 받던 중 "2주쯤, 됐을 때" 였다.
구사일생으로 신경이 돌아왔고, 1인실에서 2인실로 그리고 6인실로 옮겼다.

그 사이, 인제 군사경찰 사단 부대 관계자는 어머니에게 가해자 확인 절차부터 두루뭉술하게 응대하였고, 심지어는 "막무가내 기식 보험 합의 처리"가 되어 있었다.

게다가, 동인병원 측에서는 "병가 처리를 내세우며, 일방적인 동인병원으로 후송하여 입원 치료를 요구"하였고, 보험사 관계자 측의 "끈질긴 교통 사고처리 종용"으로 일단락되었다.

장모님의 통나무집

 내 사랑스러운 아들 이름은 정지훈이고, 사랑스러운 아들 엄마 이름은 최정균이다.

 아들을 엮어준 태백시 문화예술회관 건립 기념에 초대받은 "사람들 극단" 운영자 신성구(고교, 은사) 대표님과 몇몇 극단 단원들은 태백시 문화예술회관 관계자 간에 차후 교류를 목적으로 방문하게 되었다.

   정균이는 태백시 문화예술회관 건립 기념식 방문 단원으로 참여하고 싶어, 내게 본인을 포함하여, 신입 단원 친구들과 함께 방문하고 싶다고 하여, 대표님의 양해를 구해 함께 가게 되었다.
   그 당시, 정균이는 강릉 대학 사학과 4학년 재학 중이었다.

   대학을 졸업하면, 모교 대학원 사학과에 응시할 예정이었으나, 이런저런 사정으로 대학원에 입학할 수 없게 되었다.
   그럼, 무엇을 할까? 고민하던 중,

   우연히 "사람들 극단에서 신입 단원을 모집"한다는 전단지가 눈에 띄였고, 내성적인 성격과 발표력을 키워 볼 겸, 친구들과 함께 응시하여 신입 단원으로 들어왔다.

   그렇게, 자신 곁을 맴돌다가 아무것도 모른 채 그저, 해맑게 대해주는 내가 자신에게 위로가 된 탓이었는지, 언제부터인가
내 곁을 맴돌기 시작하였고, 정균이와 나의 사랑은 싹 트였고, 정균이는 임신하였다.

그런 연유로, 나와 정균이 그리고 장모님과 온갖 고진감래 설전에도 정균이는 출산을 고집하였고, 장모님은 정균이가 아직 친정어머니와 가정 살림을 꾸려가기에 부족한 점이 많으니, 장모님 집 2층에 임시 살림을 차리고 함께 살면서, 정균이에게 한 가정의 살림살이를 이끌어 갈 수 있도록 해주고 싶다고 하여, 나와 정균이는 장모님 집 2층에 임시 가정 살림을 차렸다.

정균이는 출산을 한 체, 학사모를 쓰고 졸업식을 치렀고, 사랑하는 아들을 낳고서, 정균이와 나는 결혼식을 올렸다.

그러나, 정균이는 아직은 온전한 가정주부가 될 마음가짐에서 혼란스러워했다.

왜냐하면, 내가 출근하는 동안 사랑스런 갓난 아들에게 모유도 먹여야 하고, 온 가족 가정살림에 대학원 입학 준비도 병행해야 하기 때문이었다.

이번에는 어머니와 정균이 그리고 나 사이에서 고진감래가 있었고, 설전 끝에 "'양양군 서문리에 '동해 편의점'을 차렸고, 물건 창고 공간을 신혼집으로 개조"'하여, 첫 신혼살림을 차렸고, 사랑스러운 아들 "첫돌"도 치렀다.

정균이는 아들의 첫돌을 치르고, 사랑스런 아들에게 뜻깊게 추억을 기념해 주기 위해 엄앵란, 임백천, 변정수 세 분의 공동 MC 프로그램인 제12회 SBS "아이러브 아이, 베이비 올림픽 아기 걷기 대회" 프로그램에 나와 상의 없이 몰래 접수하였다.

정균이는 서울방송사로부터 참여 의사 서신을 받고서, 나에게 참여 의사를 상의하였고, "오롯이, 정균이와 나의 결정만으로 서울방송사 프로그램에 출연"하여, 사랑스러운 아들에게 "1위 상패를 거머쥐며, 관객의 박수갈채와 행진 때에는 엄앵란 공동 MC 선생님의 열렬한 박수갈채"를 받는 첫 추억을 안겨 주었 다.

서울방송사 출연 시, 가족 구호는 "감자 바위 화이팅!"이었다.

장모님은 장인과 별거 후, 세 남매를 오롯이 홀로 키우셨다.
그리고, 장모님은 남은 삶을 현북면 법수치리에 통나무집을 짓고, 새 장인과 함께 살 계획이었다.

통나무집터에서 멀지 않은 곳에 "상수원 보호 구역"이라는 푯말이 붙어 있는 입구 문을 열고 들어가면, "다람쥐가 도토리 먹이를 곳곳에 저장해 놓느라 분주하게 뛰어다니고, 자연과 숨을 쉬며, 진정한 힐링을 만끽할 수 있는 곳"이었다.

통나무집을 지으려는 터 앞에는 "수심이 얕은 시냇물"이 흐르고 있었는데, 시내로 볼일을 보러 갈 때면, 시냇물을 건너야 한다.

장마철이나 비가 많이 내릴 때는 "시냇물 수위가 높아지고, 시냇물 흐름이 빨라!" 시냇물을 건널 수가 없어 길이 끊긴다.

때는, 1998년 12월이라 산중의 새벽 기온은 꽤 쌀쌀하였고, 이른 아침부터, 작업은 시작되었다.

줄을 놓고, 기둥을 세우기 위한 작은 웅덩이 파고, 넓적한 돌을 웅덩이 밑에 소금을 깔고, 단단하고 넓적한 돌을 넣고, 기둥을 세웠다.

그러면, 시멘트와 채로 채취한 고운 모래와 물로 반죽하여 기둥의 웅덩이 틈을 메워준다.

이어지는 작업은 추를 세우고, 정으로 쪼아 다듬어 틈을 내고, 대패질과 전기톱 작업이 진행되었다.

하나, 둘 제자리에 얹히고, 끼워지고, **뼈대가** 갖추어지면, 대들보 모양을 갖추기 위해 중앙에 매달아 두었던 돌을 걷어내고, 대들보를 올리면 기초 작업이 완성되었다.

기초 작업이 완성되면, 서까래 대패 작업, 널빤지로 벽 안쪽과 바깥쪽에 맞대어 대고, 넓직한 통나무로 단을 겹겹이 쌓아 올리는 짚 흙벽 쌓기 작업이 진행되었고, 지붕에 짚 흙 작업과 함석판 덮는 작업, 기와 개어 얹기 작업이 마무리되면, 통나무집 자태를 갖췄다.

이어서, 화장실 설치, 보일러 설치, 산등성이 물웅덩이에서 통나무집 뒷마당 언덕배기에 층을 이루어 얹혀놓은 큰 물통까지 호스를 파묻는 작업 등을 밤, 낮으로 작업한 결과, 통나무집이 제법 갖추어졌다.

거주하며, 곳곳을 살펴 보충 작업을 하던, 어느 날이었다.

새 장인의 권유로 마을 종가댁 상량식에 함께 참관하게 되었고, 마을 종가댁 대면식에도 함께 참관하게 되었다.

대면식을 치르고 나서, 점심 식사로 "꺽지 민물 생선 탕"을 먹게 되었는데, 꺽지 민물 생선 탕을 먹다가 **뼈가**

내 식도에 걸렸다.

  밥과 김치를 입안 가득 넣고, 삼키기를 여러 번 시도 끝에 식도에 걸린 꺽지 뼈가 다행히 삼켜졌다.

  그렇게 겪고 나서야, 꺽지라는 민물 생선 뼈가 강한 줄 알았다.

새 장인과 송이버섯 산

 바야흐로, 논과 밭에는 오곡백과 풍성한 열매가 맺어지고, 가을 들판과 계곡 그리고 산등성이에 빼곡하게 자리 잡은 단풍이 들어서고 있었다.

 때마침, 추석 명절도 다가오는 터라, 나와 집사람은 서로 아들을 껴안으면서, 의논 끝에 "주문진 어머니 집에 먼저 들렀다, 장모님 댁으로 가기로 결정"하였는데,

장모님께서 외손자가 보고 싶다고 하셨다.

해서, 나와 집사람은 아들을 앞세우고, 장모님을 뵈러 강릉 교동 장모님 댁으로 향했다.

장모님 댁은 2층 구조 단독 주택이었고, 장모님은 1층, 우리 부부는 신혼집이 장만이 되기 전까지 임시 2층에서 거주했었는데, 지금은 처남 부부가 살고 있었다.

우리 부부는 처남 부부에게 양해를 구해 올라가 짐을 내려놓고, 나는 아들을 껴안고 집사람을 앞장세워 장모님을 뵈러 1층 집안에 들어섰다.

장모님은 낯선 중년 분과 함께 안방 벽 쪽에 나란히 앉아계셨고, 장모님은 어정쩡한 자태로 저희를 반갑게 맞이하였고, 앞으로 "나와 함께 지낼 분"이라며 소개하셨다.

서로 인사를 나누며 그렇게, 새 장인과 첫 만남이 이루어졌다.

그분은 양양 서문리 소재, 형님 댁에서 임시 거주를 하셨는데, 저희 부부 신혼집 장만 전 임시 거주할 이층집 수리를 의뢰받아, 양양에서 강릉 장모님 댁으로 오가시게 되었고, 꼼꼼하고 자상하신 성격에 장모님은 마음마저 트게 되셨다고 하셨다.

그날 저녁, 장모님과 처남 그리고 우리 세 식구, 그분과의 첫 만남, 첫 저녁 식사는 그렇게 화기애애하였다.

장모님은 일찍이 장인과 떨어져 지내면서 처형, 아내, 처남을 보살피고 공부시키느라 다른 생각할 여력이 없으셨고, 삼 남매가 출가하면, 한적한 곳에 보금자리를 터 여생을 보낼 생각이었다.

다음 날 아침, 장모님은 "처남, 우리 세 식구, 아침 식사를 한 후, 새 장인의 형님 댁"으로 함께 가자고 하셔서 동행하였다.

새 장인, 형님 댁 저녁 만찬에 초대되었고, 이런저런 얘기들로 화기애애한 시간을 보냈다.
우리 세 식구는 아이가 자꾸 칭얼거리기도 하고, 나도 내일은 출근해야 했다.
그래서, 장모님과 새 장인 그리고 장인의 형님 내외분께 "저녁 만찬에 초대해 주셔서 감사합니다."라며, 우리 세 식구는 감사 인사를 드리고 주문진으로 출발하려는데, 새 장인께서 우리를 불러 세우셨다.
"송이와 장뇌삼을 좀 쌌네!"
추석 때, 요긴하게 쓰라며 꾸러미를 내 주셨고, 그 후로, 새 장인을 장모님 댁에서 자주 찾아뵙게 되었다.

그렇게 지내던, 하루는 장인과 장모님은 저에게 볼일이 있어 이층집으로 올라오셨고, 아내는 차와 과일 등을 마련했다.

사전에 장모님조차 "아무런, 귀띔이 없는 터"라,

"무슨 일로 저를 뵈러 왔을까?" 무척 궁금해졌다.

차를 마시고 과일을 들면서 이런저런 얘기가 오고 갔다.

장인께서 저를 보러 온 용건은 다름 아닌, 친척 한 분이 송이버섯 산이 있으신데, 송이버섯 채취 계절이면 "송이버섯 산 길목마다, 출입 금지 푯말을 설치하고, 외부인이 출입하지 못하도록 온종일 지켜야 한다며, 야간에 그 일을 내가 좀, 해줬으면 하는 의향"을 내비치었다.

나는 그 일을 "해본 경험이 없었던 터"라,

그래도, 송이버섯 산을 관리해 본 "지역민이 낫지 않겠어요!" 했더니.

요즘은 "내 송이버섯 산처럼, 송이버섯 산을 돌보아 주는 사람이 더 필요"하다며, 재차 권유하였다.

그래서, 나는 이번에는 "송이버섯 산에서 밤을 지내려면, 어느 정도 송이버섯 산지 지형에도 눈이 밝아야 하고, 간이 텐트 설치, 보호 장구, 손전등, 간단한 요깃거리와 요깃거리 할 도구 등"도 마련되어야 한다고 했더니.

밤을 지새우며, 송이버섯 산을 지키기 위해 필요한 도구와 휴식을 취할 수 있도록 다 준비되어 있고, 사람이 다닐 수 있도록 길이 나 있는 곳으로만 다니면서, 손전등을 비추어 살피면 된다고 장모님마저 거드는 통에, 어쩔 수 없이 수락하여 송이버섯 산으로 들어갔다.

그런 연유로 인해, 새 장인 형님 댁 건물 1층에 "동해 편의점과 첫 신혼집"을 차리게 되었다.

노모의 효자

봄, 여름, 가을, 겨울
노모의 보금자리 방바닥에

예단 이불 깔리고
예단 이불에 베개 놓아주면

흐르는 세월이
노모의 온몸을 짓누르고 휘저어도

아유, 뜨끈하다
아이고, 시원하다 하시며

눈시울을 적신다.

3부
가슴에 애환을 묻고

이럴 때면,
"저물녘, 뜬 달에 쓰라린 가슴 잠재우려,
한 끼 식사에 소주"로 만끽한다.

징계와 집행유예 선고(22)

1988년은 제 24회 하계 올림픽의 해였다.

올림픽을 계기로 미국의 "911시스템"을 기반으로 둔, 응급체계가 필요하다."라는 내용을 신문 기상에서 접했었다.

그리고, 3년이란 세월이 흐르던, 어느 날이었다.

내게 "129 응급의료 정보센터"에 응시해 보라는 뜻밖의 제의가 들어왔다.

나는 그동안, 꾸준하게 공공기관 채용 응시 준비에 박차를 가해 왔고, 하반기 공공기관 채용 공고 소식만을 고대하며, 지내왔기 때문에 부담감 없이 편안한 마음으로 응시했는데, 뜻밖에 "합격 통지서"를 받게 되었다.

나는 대한적십자사 본사에서 기초교육 수련 과정을 마쳤고, 첫 발령지는 "춘천 적십자 지사"였다.

1991년 8월, 첫 월급 "29만 원의 월급 명세서"를 받아 들고, 어머니에게 첫, 월급을 받았다는 기쁨의 전화를 드렸던, 그날이 지금도 생생하다.

그다음 해, 김영삼 정부가 들어서면서, 본 센터가 해체된다는 소식이 돌았고, 그렇게 되나 싶었는데, 언론에 힘입어 본 센터는 유지되었고, 강릉에도 센터가 구축된다는 소식을 접했었다.

나는 춘천 적십자 지사에 발령받은 날부터, 만학도의 선택과 가정의 터를 구축하리라 다짐하였지만, "세상만사가 내 뜻"대로 되지 않아, 나는 어머니 곁으로 전근 신청을 하였다.

나는 이듬해 1992년, 강릉 적십자 회관 소재 강릉 129 응급의료 정보센터로 전근되었고, 평범한 직장인이 추구하는 것처럼, 평온이 유지되나 싶었다.

그러나, 야속한 세월이 나를 "맞이하게 될 줄을, 꿈에선들 생각했었겠는가!"
적십자사에 의해 9년간 운영되던, 129 응급의료 정보센터를 재정 악화로 더이상 운영이 어렵다는 사유로, 종합병원 권역센터 운영 체계로 바뀐다고 하였다.

이 당시, 129 응급의료 정보센터 발전과 자립 구축을 위하여 "5개년, 1천억 원 구축을 앞둔 터"라, 어수선하였다.
나는 새로 구축될 "영동권역 1339 응급의료 정보센터"가 강릉 아산 종합병원에 구축되기를 그토록 기원했었는데, 결국 동인병원에 "영동권역 1339 응급의료 정보센터"가 구축되었다.

염려했던 부분은 "그리, 오래가지!" 못했다.
"임금 인상, 보직 체계 변경, 129 사설 이송 시스템"을 놓고, 1339 응급의료 정보센터는 "업무 협조 관계 기관"으로부터 "업무 협조에 부정적인 거센 항의"에 시달렸다.

나는 이 사태를 두고만 볼 수 없었고, 출장의 기회로 삼아 담당 사무국장을 직접 만나 뵙고, 제안으로 협조 요청을 얻어냈고,
안정을 되찾나 싶었다.

이 부분이 계기였는지 알 수 없으나, 동인병원 관계자들에 의해 간접적인 편파와 직접적인 횡포가 이뤄졌다.
어느 날, 그들은 내게 일방적으로 "징계 3개월 감봉"에 처했고, "징계 3개월 감봉"이 풀리자마자, 바로 "강퇴 처분"이 내려졌다.
이날부터 6개월간 노동부에 "동인병원 측 상대로 강퇴 처분에 대한 이의 제기 등" 소송 각축전은 시작되었다.

또한, 보건복지부 본사에 방문하여 항의도 해보고, 1인 단식투쟁도 해보고, 각종 언론사에 제보도 해보았지만, 아무런 소식이 없던 중, 강릉 YTN 송00기자로부터 연락이 왔다.
내용인즉슨, 민원에 대한 단독 녹화 인터뷰를 하여, YTN 시사채널에 방영해 주겠다는 제의였다.
나는 흔쾌히 제의에 응했고, 오후쯤에 강릉 YTN 사무실에서 단독 녹화 인터뷰를 마쳤고, 내일 방영 시간이 결정되면, 곧바로 연락주겠다고 하였다.
하지만, 약속 시간이 훨씬 지나도록 연락은 없었다.

나는 초조한 마음으로 송00기자에게 전화를 시도하던 중, 송00기자에게서 전화가 걸려왔다.

답변은 "죄송하게 됐다며, 다음에는 꼭! 도와주겠다."는 것이다. 그래서, 나는 그 응답에 나는 짤막하게 말을 건넸다.

내가 앞으로 "어떤 처량한 신세로 살아가는지 지켜봐 달라!" 왜냐하면, "송00기자가 방영을 내보내지 못하도록 결정한 것은 아니었을 것이고, 그는 오롯이 기자"였기 때문이었다.

동인병원 측은 의기양양해 있었고, 나는 "바람 앞에 등잔불 같은 처지"였지만, 뜻밖에도 "복직 명령" 결과가 나왔다.

그 후로, 나는 하루하루가 평탄하지 못하는 나날을 맞이하였다.

인내를 갖고 하루하루를 보내던 어느 날이었다.
여기는 "주문진 파출소"입니다. 네!
"조일금 씨, 보호자 되시죠!" 네!,
"오셨어, 어머니 얼른 모시고 가세요!"라며,
주문진 파출소 해당 경찰관으로부터 전화가 걸려 왔다.
내용인즉슨, 어머니께서 평소에 알고 지내시는 남자

친구분과 다툼이 있었는데, 그 과정에서 좀 다치셨어, 지금 파출소에서 보호 중이니, 보호자는 어머니를 얼른 모셔가라는 것이었다.

나는 주문진 파출소 담당 경찰관의 전화를 받고서는 부랴부랴, 보호자 신분으로 주문진 파출소로 달려갔고, 도착하자마자 어머니의 상태부터 확인하였다.

예상대로, 어머니는 구타를 심하게 당하셨는지 핏자국 흔적이 있었고, 담당 경찰관에게 다가가 상황을 듣는 과정에서 어머니의 잘못이 크다는 일방적인 얘기에, 나는 "나이 드신 병환의 여성이 신체 건장한 남성 어르신에게 구타당해, 저렇게 핏자국 흔적이 눈에 뜨일 정도인데, 그게 무슨 얘기냐!"며, 티격태격하게 되던 중, 담당 경찰관이 느닷없이, "그렇게 똑똑하면, 여기 업무용 컴퓨터를 부숴봐!"라 하였고, 흥분한 나는 "3대의 업무용 컴퓨터"를 바닥에 내동댕이치게 되었다.

그 순간, 여러 명의 지구대 내 경찰관이 달려들어, 나를 제압하여 수갑을 채웠고, 강릉경찰서 구치소로 이감되었다.

나는 강릉경찰서 구치소에 수감된 채, 담당 수사 경찰관 조사가 이루어졌다.

조사 과정에서 "네가, 그렇게 똑똑하면 여기 업무용

컴퓨터를 부숴봐라!"하는 부분은 조사서에서 빠진 체, 온갖 회유와 억압이 동원되는 조사 방식에서도 내게 서명을 받아내지 못하였다.

결국, 담당 수사 경찰관은 내게 "아들, 신변까지 들먹이는 회유와 억압에 시인"할 수밖에 없었다.
"공탁금 50만 원과 징역 8개월에 집행유예 2년"을 선고받았고, 이 사건은 마무리가 되었다.

대선 캠프와 표적

　대선이 한창 열기가 띄워져 있을 때쯤에, 나에게 일어나고 있는 부당한 처사에 대해 청와대 게시판을 비롯, 다각적 접근을 통해 억울한 사연을 알리려 하루하루를 보내던 중, 한 분의 조언이 있었다.

　자네, "김근태 보건복지부 장관과 만남을 성사하여, 직접 대면하는 길 만이 가장 **빠른** 해결 방법"이라고 알려주셨다.

 해서, 나는 장관님을 "어떻게든, 뵈어야 하겠다."는 일념으로 고군분투하였다.

 그렇게 지내던 중, 그분으로부터 또 다른 조언을 해주셨다.

 그것은 장관께서 "대선에 출마할 예정"이라는 것이었다.

 나는 장관님과 관련 있는 경로 사이트를 기점으로 장관님을 향한 "일심동체의 심정으로 묵묵하게 최선"을 다하다 보면, 장관님과 반드시 대면할 수 있는 기회는 올 거라 다짐하였다.

 김근태 대선 경선 후보와 관련된 "대선 모임 사이트와 각종 번개 모임"에 열성을 갖고 참여하고 지지하였던 결과, 드디어 김근태 대선 경선 후보와 대면의 기회가 찾아왔다.

 살신성인 결과이었는지, 어느날은 강릉 임영관 한식당 모임 자리에 참석하게 되었다.

 그때, 장관님은 저를 호명하여 우측 옆자리에 세우시더니, 지지자들 앞에서 "저를 추켜세워 주시는 결과까지 초래"되었다.

 그러나, 김근태 대선 경선 후보자와 정동영 대선 경선

후보자 경선에서 정동영 대선 경선 후보자가 대선 후보자가 되었다.

나는 김근태 장관님의 권유로, 최종 선출된 정동영 대선 출마자 캠프에 해당 고문 어르신과 함께 합류하게 되었고, 여의도 000 광장에서는 해당 국회의원 대다수가 참석한 모임에서는 중앙에 위치한 좌석에 배치되었을 때에는 "민혜경 여사님께서는 저에게 생맥주 500cc를 따라주시는 영광"까지 얻게 되었다.

나는 정동영 대선 후보 캠프에서 미력하나마, 결사의 의지로 최선을 다해 노력하려 하였지만, 이명박 대선 후보자와의 격차를 최대한 줄이자는 급격한 여론몰이로, 캠프에서도 어쩔 수 없다며, 다음을 기약하자는 분위기로 바뀌었다.

그러기 위해, "무엇으로 대비해야 하는가?"로 집중되어 있었고, 원주 000 장소에서 미담이 이어지다 나와 고문 어르신과 함께 작별 인사를 드리고, 집으로 내려왔다.

그렇게 지내던, 어느 날이었다.
정동영 대선 후보 지지자라 자칭하면서, "마지막까지

최선을 다하자며, 꼭! 만나뵙고 싶다."는 독촉에 나는 마지못해, 그들이 일방적으로 정한 날과 시간에 약속 장소 "임영관 한식당"에서 만나자고 확답하였다.

　약속 당일 날, 나는 재차 약속 시간과 약속 장소를 확인하며, 약속 장소인 "임영관 한식당"에 도착했고, 일행 중 한 명을 만나 통성통명을 나누었는데, 긴박하게 만나자고 독촉하던 자세와는 사뭇 달랐다.

　급한 약속 사유로, 그들 중 "일부는 약속 장소에 나오지도 않았고", 약속 장소에 미리 나와 있던 일행마저도, 나와 통성명을 하고는 선약이 있다며, 자리를 뜨려 하기에 나는 "뭔가, 잘못됐다.!"고 인지하였다.
　그래서, 나는 맨 나중에 자리를 뜨는 일행에게
　"아직!, 손님이 안에 있다는 것을 주인에게 꼭, 귀띔" 해 달라고 부탁하였다.
　나는 잠시 숨을 고르면서, 그 일행이 멀찌감치 간 시간차쯤에, 나도 자리를 뜨려고 했다.

　하지만, 그 일행이 나가자마자 홀에 불이 꺼졌다.
　이상한 느낌이 들어, 나도 자리를 박차고 나왔다.
　때마침, 계산대에 있는 식당 관계자에게 홀에 막 도착했는데, 손님이 있는지 확인도 않고 홀 내 전원을 끄냐

며, 말을 건네는 순간, 계산대에 서 있던 관계자는 내게서 그 얘기가 나오기를 기다렸다는 듯,

"신고하라는 막말을 내뱉다 아니다 싶었는가?"
"아니!, 내가 신고하겠다."며, 신고하였다.

나는 황당한 나머지 임영관 한식당 계산대에서 벗어나 밖으로 나왔고, 주차장에서 상황을 지켜보던 중, 임영관 한식당 계산대 쪽에서 깨지는 소리가 들렸고, 한 경찰관이 임영관 한식당 정문 쪽에서 내게로 걸어오고 있었다.
이 모든 상황이 벌어지는데, 체 5분 정도의 시간이었다.
그 경찰관은 내게로 천천히 걸어오는가 싶었는데, 가까이 다가오자, 갑자기 빠른 걸음으로 내게 바짝 다가섰다.
나의 옷이 닿을 순간,
나도 모르게 "왜! 이러세요!" 하면서,
"가까이 다가오지 마세요!"라는 의미에서,
나는 두 손바닥이 그 경찰관을 향해, 내 가슴 위치에 올렸는데, 나의 두 손바닥 일부가 그 경찰관 옷깃에 닿는 순간, 느닷없이, 그 경찰관은 나를 "발로 걸어 얼굴이 땅에 닿도록 넘어뜨리고, 구둣발로 목을 짓누르며,

앉은 자세로 제압하면서 이내, 두 손에 수갑을 바짝 쪼아 채웠다.

그 자세에서 한 일반인이 다가왔다.
그는 내 얼굴을 마주하면서 "이 새끼, 때문이다.!"라며, 그 일반인은 그 경찰관에게 마치, "확인을 시켜주는 상황"이었고, 그때부터, 일사천리로 역전 파출소로 수송되었고, 수갑이 채워진 채로 역전 파출소 담당 경찰관에 의해 서류가 빠르게 작성되었고, 강릉경찰서로 수송되었다.

강릉경찰서 구치소에서 담당 경찰관에 의해 수갑이 풀렸고, 나는 신체에 휴대하고 있던, 휴대 전화로 지인에게 연락하러 하였으나, 내 휴대 전화기를 제압 당하여, 연락마저 차단된 채 구치소에 수감되었다.

첫날은 끼니도 거른 채 하룻밤을 보냈다.
다음날부터, 면회와 사식이 허용되면서 식사를 할 수 있었고, 조사가 이루어지기 시작하였다.
나와 나를 신고했던 임영관 한식당 계산대 그 여성 관계자와 형사과장, 3자 대면 조사가 이루어졌다.
임영관 한식당 계산대 여성 관계자와 나는 나란히 앉게 되었다.

임영관 한식당 계산대 여성 관계자가 나와 눈을 마주치는 순간,

"미안합니다."라고 하자!

형사과장이 대뜸,

너는 "입다물고 있어!"라며, 명령하듯 큰소리로 제지하였다.

그렇게, 회유 그리고 압박에 의해 조사는 진행되었고, 검찰로 이송되어 소정의 절차를 거치고, 나는 강릉 교도소로 이송되었다.

최종, 판사의 선고는 징역 14개월에 집행유예 3년이었다.

나는 강릉 교도소에서 6개월 수감 생활을 하였고, 여주 교도소로 이감되어 8개월 수감 생활을 하였다.

후담이지만, 열린우리당 시절 당원이 아닌 "일반 당원" 신분으로 해당 중앙당사로부터 "시의원 전략 공천" 제의가 들어왔지만, 나는 고향 후배 김00를 추천하였고, 고문님과 함께 김00 시의원 선거사무실 개소식에 참석하였다.

하루

찌릿찌릿, 찌푸리는 전등에
지그시 뜨이는 눈

찬물로 퍼부어 세면하고
미지근한 물로 치아를 닦고
온수로 멱을 감고 나면

큰 거울 앞에 서성거리며
돋아나는 흰머리도 정성스레 빗질하고

눈썹에
솟구친 하얀 눈썹도 뽑아주고

눈가에 돋아난
잔주름도 정성스레 펴주면

또다시,
서산으로 지려는 노을 바라보며
쓰라린 심신을 부여잡는다.

수감 생활과 기초생활보장 대상자 권리

　강릉경찰서에서 춘천지방검찰청 강릉지청을 거쳐 강릉교도소 대기자수감실 독방에서 "서글픈 탄원서"를 써 내며, 판결이 내려지기만을 기다렸다.

판사의 판결이 내려졌다.
　"징역 14개월에 집행유예 3년"(음주 운전 벌금 13일

포함).

   강릉교도소 대기자수감실 독방 생활에서 강릉교도소 수감 생활로 넘어가기 전에 국선 변호사의 접견이 있었다.
   나는 국선 변호사와 접견이 있을 접견실로 향하면서, "일말의 희망을 기대"했었다.

   나는 접견실에 먼저, 입실하여 대기하고 있었다.
   잠시 후, 나는 국선 변호사가 들어오는 모습을 언뜻 바라보는 순간, "건장한 신체와 묘한 느낌에 압도적이었고, 이런 상황을 겪고 있는 누적된 성난 얼굴"로 국선 변호사와 대면이 이뤄졌다.

   자신은 박00 국선 변호사라는 통성명을 내게 던졌고, 나는 침묵으로 통성명이 던져지는 순간이었다.

   그 박00 국선 변호사는 내게 다짜고짜 "눈에 힘 풀고, 수감 생활 잘하라"는 짤막한 변호를 내게 던졌다.
   순간, 나는 "억장이 무너지고, 하늘이 노랗게!" 느껴졌다.
   그 순간 나 역시도, 그 국선 변호사를 향해 "두 눈 부릅뜨고 바라보면서, 나를 잊지 말라며, 짤막하고 단호한 일격을 선사"해 주었다.

그렇게, 박OO 국선 변호사와 나의 짤막한 접견 대면이었다.

그 이후, 나는 여주 교도소로 이감되어 수감 생활을 하던 중, 한 수감 생활자가 내게 "박OO 국선 변호사가 국회의원으로 출마했다가 자진 사퇴"했다고 내게 알려주었다.

다음날은 담당 교도관의 면담이 이어졌다.

면담 내용인즉슨, "다른 교도소로 이감 가게 될 거고, 노역해야 한다."며, 원하는 노역장이 정해지면 알려 달라는 면담 내용이었고, 원하는 노역장에 배정되지 않을 수도 있다고도 덧붙였다.

나는 교도소 수감 생활은 "적응이 빠를수록, 몸도 마음도 편하다는 걸, 강릉교도소 대기자수감실 독방 생활"에서 혹은, 사회에서 수감 생활 수기를 들은 터라, 수감자 옷을 만드는 노역장에 배정되었고, 수감자 옷을 만드는 보조 등 허드렛일로 시작, 수감 생활에 적응해 가며, 봄을 맞이하였다.
오랜만에, 봄 햇빛과 봄 햇살을 맘껏 만끽할 수 있어

좋았는데, 때마침, 강릉교도소에 봄맞이 행사가 있었고, 단기 수인 나에게도 "노래 부르기에 부분에 참여하라며, 신청서에 "곡명과 수감자 번호를 써서 신청 접수하라"고 하였다.

　순간, 내 처지를 한탄해 보려 목이 따갑도록 외치고 싶었다. "큰소리 뻥뻥"을 적어 내보았다.

　강릉교도소 수감자 봄 행사는 임시 무대 앞 땅바닥에 호실별로 일렬종대로 앉아, 장르별 행사가 진행되었는데, 장르별 참가자 확정자가 되었는지, 사회에서처럼 진행 계획서 등, 미리 알거나 확인이 자유롭지 않은 분위기여서 호명되면, 환호성을 지르며 행사장 임시 무대에 오르는 분위기라 사기는 드높아졌다.

　드디어, 나의 수감자 번호가 호명되었고, 나는 분위기에 젖어 "마음속 응어리를 외침!"으로 날려보려 하였으나 끝내, 목이 뫼여 그러지 못했다.

　그 이후로, 나는 강릉교도소에서 수감 생활을 하면서, 수감자 예능과 기능 대회 행사 중 "글짓기 부분"에 응시하여, 소장 상을 받게 되었으며, 나의 "수감자 생활기록부에 강릉교도소 글짓기 부분 소장 상 수상" 기록이 올려졌는데, 수감 기간이 짧은 수감자는 응시 기회를 얻기가 쉽지 않았지만, 수감자 응시자가 적은 부분이라서 기회를 얻을 수가 있었다.

차차, 마음의 평정심을 되찾고, 노역장에서 수감 생활자들과 무탈하게 생활하던 중, 나는 여주교도소로 이감되었다.

여주교도소로 이감되어, 수감 생활이 막바지에 이르자, 아들이 무척 보고 싶어졌다.

노역장 담당 교도관을 통해 "교도소 소장 상의 특혜, 가족과 만남의 자리를 수시로 요청하며 지내던 중, 여주교도소 내 "만남의 장소" 중 잔디밭에서 가족과 오붓한 소풍 분위기에서 만남의 자리가 성사될 줄 알았는데, 바지춤에 총기까지 소지한 교도관 감시하에서 성사되었다.

어머니는 "네가, 아들을 보고 싶은 마음이 크다"는 걸 알면서도, 손자에게 "좋은 영향이 아니다 싶어, 어머니는 손자와 함께 오지 않았다."고 하였다.
만남의 장소에서 가족과 함께, 나는 애틋한 보냈고, 수감 생활도 성실히 해내는 모습이 좋아, 복지 담당 교도관은 진심 어린 마음을 담아, 속초시 관계 공무원의 협조를 받아 "강릉시 기초생활 보장 대상자 권리"를 받게 해주었다.

　더불어, 내게 출소 후 "3년의 심사숙고" 해 주기를 진심을 담아 당부해 주었다.

옛 대관령 그 시절 그 길

 모든 직원의 한결같은 바람은 사천 종합 아산병원에 권역센터가 구축되기를 희망하였지만, 동인병원에 1339 영동권역센터 구축되었다.

 결국, 예감대로 돼 갔고, 시름에 젖은 술자리는 늘어만 갔다.
 그렇게 지내던, 어느 날이었다.

어머니는 아버님의 해난 사고 후, 생선 장사를 시작할 때부터 어머니에게 도움과 위로가 되어주셨고, 어머니도 많이 의존하며 지냈던, 분 중에 한 분이 나를 보러 찾아왔다.

"지훈이 아빠!,요즘, 아주 힘드나 봐!"

"네!."

"그래도, 어쩌겠어! 그럴수록 더, 마음 다잡고 살아야지!"

뭔가, 뼈 있는 말씀이 있으려나 싶어 귀를 기울였다.

"지훈이 아빠!, 깊이 새겨듣게! 아버지가 해난을 당하시면서 있는 것 다 가지고 가셨잖는가."

"네, 그러셨죠."

"그래서, 어머니도 "세 남매와 살아보려고, 그렇게 고생했지만 뜻대로 안 되니. 사는 게, 막막하였잖는가."

"그래서, 내가 엄마더러 '새끼들! 생각 말고, 재혼하라고, 새끼들은 뿔뿔이 흩어지겠지만, 모두에게 더 잘된 일인지, 누가 알겠는가!' 하고, 내가 부추겼다네! 그래서, 자네 엄마도 고민했고. 대관령 넘어 어디쯤. 누군가에게로, "가기로 되어 있었지. 어머니는 대관령 넘어 "그 댁으로 향해 가던 중에," 자네들이 눈에 밟혀, 도저히 안 되겠다 싶었는지, 가던 길을 멈추고, 자네들에게 되돌아왔다네!. 그러니, 자네도 "좀, 힘들고 어렵더라도 남동생과 여동생도 "지금, 그렇게 살고 있잖는가!." 그러니, 자네도 아들 지훈이를 위해서라도 "마음 다잡고, 더 악착같이 살아가야 하지 않겠는가!." 또, 자네들을 껴안고 사느라, 병든 어머니, 곁에서 돌볼 사람은 자네 밖에 "지금, 더 있는가!."라고 하셨다.

순간, 나는 "한없이 눈물을 흘렸고"
오랫동안, 어머니 곁에 있겠다고 다짐했다.

나의 단체 활동

 나의 첫, 단체 활동 참여는 현역 시절 장군이셨던, 표명렬 장군께서 "평화재향군인회"라는 단체에 대표로 계실 때이다.

 그 당시, 노무현 대통령 은사 한 분과 표명렬 대표님 그리고, 광주 5.18 기념관에서 참석 관계자분들과 방명록에 기록으로 참배를 시작하였다.

광주 5.18 기념관 참배 식을 마치고 각자 갈 길을 갈 줄 알고, 나는 초대해 주신 두 분께 작별 인사를 드리러 갔었다.

그런데, 표명렬 평화재향군인회 대표님께서, 강원도 먼 곳에서 오느라 고생했으니, 점심이나 함께하자며, 예약된 숙소로 함께 갔다.

숙소에 도착하여, 함께 간 관계자들은 각자 숙소를 배정받았지만, 나에게는 숙소 배정에 관하여 아무런 말도 없었다.
눈치 없이 동행했나 싶어, 적당한 때가 되면, 나는 야간 운전을 해서라도 집으로 향해야지 하는 마음이었다.

그런데, 식당이 아니었다.
숙소 한 곳에 일회용 포장 용기에 홍어 삼합회와 술이 들어왔다. 나는 생전 처음 접해본 음식이라 그런지, 그날, 저녁 내내 곤욕을 치렀다.
간소한 술자리였지만, 엄숙한 분위기로 2시간 남짓 이어진 후, 각자 정해진 숙소로 갔다.

나는 근처에 숙소를 정하여 잠시 쉬었다가, 일찍이 출발해야지 하는 마음에서, 두 분께! 작별 인사를 드리러 갔었는데, 한 분이 "자네는 우리와 함께 자러 가세!" 하셨어, 어기적어기적 뒤따라갔다.

숙소에 들어섰고, 한 어르신이 자네는 젊으니,

"침대에서 자게나!"

우리는 "마룻바닥이 좋아서, 그러네!" 하시고는, 나를 침대로 떠밀듯이 침대 위로 밀어 넣으시고는, 두 분은 곧바로, 잠자리를 청하셨다.

두 분 "편안히 주무십시오!" 인사를 건네고, 나도 얼떨떨하게 잠자리에 들었다.

다음날, 이른 시간이었다.

두 분의 기척 소리에 나도 얼른 일어났고, 고양이 세수를 하고, 두 어른을 따라나섰다.

어느 추어탕 집에 도착하였다.

그곳에서 아침 겸, 점심시간을 보냈다.

점심은 광주의 전통 50첩 반상이었는데, 추어탕 식당에서 너무 시간을 지체하여, 다음 기회로 미뤄졌다.

나는 두 분께, 작별 인사를 하였다.

표명렬 대표님께서는 작별 인사를 받으시고는, 나는 "아내와 함께, 순천으로 내려가 여생을 보낼 걸세! 자네,

시간이 나면, "순천에 한 번 다니러 오게나!"
네!, "그러겠습니다." 했지만,
그 약속을 실천하지 못하고 있다.

후담이지만, "이렇게, 될 거였는데, 아들이나, 소개해 줄 걸!" 하셨다.

두 분께! 작별 인사를 드렸고,
나는 다른 일행 두 분과 함께 내 차로 이천까지 동승하게 되었다.
동행 내내, 묘한 기운이 일고 일었지만, 나는 애써, 외면한 채 묵묵히 동행하여 올라왔다.
이천 IC 부근 주유소에 정차했고, 그 일행은 내게 "태워줘서, 고맙다."라며 내 차에 기름을 넣어주었다.

차에 기름을 채우는 사이 한 분이, 내게, 오묘한 작별 인사말을 건넸고, 멀찌감치 떨어져서는 누군가에게 전화를 걸었다.

나는 집으로 향했다.
그 이후로,
나는 "평화재향군인회 영동권 간사 역할",

"강릉시 해난어업인지원 대책 위원회 회장"을 10년 역임",

"이사부 장군 기념 사업, 초창기 홍보 멤버"로 참여하게 되었고,

"국가 공인 ITQ(정보 기술자격) 자격증을 취득해 오는 조건"으로 사무국장직을 제의받았다.

나는 6개월 교육 과정을 통해 취득하였으나, 제의받았던, 사무국장직은 끝내, 얻어내지 못했다.

일터 속 애환

집안에서만 생활하려는 나를 바라보시던 어머니,

나와의 불협화음이 나날이 커지던 어느 날이었다.

어머니는 마을 이장과 아파트 관리소장을 도맡아 하시는 분께, 간곡히 부탁하여, 나는 시내 도로포장 일을 소개받게 되었다.

내가 만약 이 일마저 거부하면, 어머니와의 불협화음은 더욱더 커져만 갈 것이, 눈앞에 생생하게 그려졌기 때문이었다.

 포장차가 도로를 포장하여 나가면서 닿지 않는 구석진 곳을 포크레인 바가지에 물과 모래, 자갈, 골재, 시멘트의 혼합물인 콘크리트를 실어 오면 삽으로 퍼다 메우는 일이었다.

 포장 공사가 끝나고 인도에 보도블록 작업이 시작되고, 보도블록 작업이 끝난 곳에 모래더미가 놓이면, 삽으로 모래를 퍼다 보도블록 위에 뿌리고, 빗자루로 보도블록과 보도블록 사이에 빼곡히 스며들도록 빗질하는 작업이었다.
 간혹, 도로와 인도 경계선에 안전울타리가 탄탄하게 세워지도록 시멘트 혼합물을 사용하여 보강하는 작업도 병행하였다.

 그런, 나날이 이어지던 어느날이었다.
 수신호 봉으로 교통 통제하던 작업자와 교통 통제를 받던 차량 운전자 간에 실랑이가 벌어졌다.
 통행 차량 운전자, 왈 "네가 뭔데!, 내 차를 막아 세워!"
 수신호 작업자, 왈 "원활한 통행과 원활한 도로 장비 작업과 안전사고 방지"를 위해서 통제해 드리는 거잖습니까!"

그러면서, 온갖 욕설과 성화가 난무하는 상황에서 옥신각신하다 수신호 작업자가 수신호 봉을 도로에 내팽개치는 상황이 벌어지는 일은 다반사였는데, 나 역시도 그 일 역할에서 그런 상황을 빗겨 갈 수가 없었다.

살을 심하게 빼는 중이라 몸 상태가 좋지 않아, 시내 도로포장 일은 곧 중단하게 되었다.

골똘히, 생각에 잠기며 지내던 어느 날이었다.
정호경(마을 이장), 중학교 동창으로부터 한 통의 전화가 걸려 왔다.
"위영이냐 호경이야!"
"엉, 반갑다 호경아!"
"그런데, 웬일이야! 호경이가 내게 전화를 다 해주고,"
"엉, 내가 갑작스러운 사정이 생겼어! 그래서, 네가 내가 하던 일을 잠시 좀 맡아줬으면 해서,"
"그래, 무슨 일인데,"
"응, 밭일하는 분들을 차로 출·퇴근시켜 드리고, 의뢰인에게 수금하여 일당을 지불하고, 남은 금액을 고용주에게 입금하는 일"이라며,

"해볼 의향이 있느냐!"는 것이었다.

나는 "생각할 겨를도 없이 하겠다.!"고 했다.

첫날은, 호경이가 함께 동승하여 주어 하루의 밭일 일정을 습득하였다.
다음 날부터, 나는 차를 직접 몰며 한 집, 한 집 더듬어 찾느라 누가 탑승하지 않았는지, 살필 겨를이 없었다.

일주일쯤 됐을까,
그 와중에 "눈에 띄는 남녀"가 있었다.

처음에는 "필리핀에서 한국으로 농경 일꾼으로 오면서 고국 사람을 만나다 보니 서로 의지"하며, 친하게 지낸 줄만 알았다.
그럴 것이, 새벽에 봉고차에 탑승할 때는 한 정거장 떨어져 각자 따로 탑승하였고, 밭일을 마치고 귀가할 때는 같이 내렸지만,
서로 헤어지기 아쉬운 손짓·몸짓의 작별 인사를 서로 나누었기 때문이었다.
그렇게, 하루하루를 다람쥐 쳇바퀴 돌듯 지내던 어느 날이었다.
밭일을 마치고 귀가하던 아주머니 한 분이 일당을 덜 지급받은 채 내렸는지,

귀가 운행 중인, 내게 전화가 걸려 왔다.
"정 기사님!"
"급하게, 쓸 곳이 있어서, 이렇게 전화"를 드립니다.
오늘 일당 셈이 부족했다며,
확인 해보시고 귀가 운행을 마치면,
잠시 "들러, 주시고 가면 고맙겠다." 하여,
할 수 없이 되돌아 운행해 가던 길이었다.

되돌아 운행하던 중, 필리핀 남녀가 하차하던 곳에서 멀지 않은 한 집으로 들어가는 것을 목격하였다.

나는 창문을 내려 "오늘도, 두 분 고생하셨습니다."
그러면서, 좋은 취지로 두 분 "오늘, 좋은 저녁 되세요!"라며
인사를 건넸는데, 필리핀 두 남녀는 무척 당황스러워하였다.
다음 날, 점심시간이었다.
나는 "두 남녀가 부부이고, 그렇게 행동해야만 하는 사정"을 듣게 되었다.
사연인즉슨, 필리핀에서 브로커들의 솔깃한 속임수에 꾀여, 한국에 불법 체류한 부부였고, 법무부 출입국관리소 직원에게 발각될 시, 모국으로 추방되는 상황이 발생

했을 때를 대비하여 "둘 중, 하나라도 피해 어떻게든 남아서 일을 계속해야만 한다."고 했다.

그러니, 모른 체 해달라며 통사정하였다.

그래서, 나는 "힘들지 않으냐!"며 물었다.

그랬더니, 일은 고국에서도 하던 일이라 힘들지 않지만, 고국에 계신 "부모, 형제, 자녀를 보고 싶을 때"가 제일 힘들다고 하였다.

누구를 막론하고, 자식이 먼저 보고 싶은 것은 "인지상정인가 보다."라며, 속으로 되뇌었다.

그 일이 있고 난 뒤, 얼마 지나지 않아 호경이는 급한 일을 처리하고 되돌아왔고, 나는 잠시 맡은 밭일 운행을 아무런 탈없이 인수인계해 주었다.

그 이후, 두 필리핀 부부와는 서로 왕래가 끊겼지만, 마음속 깊이 "두 필리핀 부부의 일이 잘 풀려, 고국으로 돌아가 가족과 행복하게 살기"를 기원했다.

끈

잠시,
마음을 주고 품은 인연으로

봄, 여름, 가을, 겨울
품은 증표

낮과 밤 들녘에
능선 따라 이어지는 계곡에서

그저,
품고 손잡고 거닐고 뛰놀며
울려 퍼졌을 함박웃음

제법,
아픔과 시련을 나 홀로 겪다

뿔뿔이 흩날린 곳에서
인연 두며 사는 게

어디, 나만의
검은 머리 흰머리 언약일까?

풍랑에 깃든 뱃살 빼기

　서른 후반의 나이라면 가정을 꾸려 자식을 낳고 성장하는 재롱에 오손도손 가족 사랑을 싹틔우며, 미래를 준비하느라 여념이 없을 나이다.

　그런데, 나는 "지금 무엇을 하고 있는가?"

　엄마, 아빠 사랑의 보살핌을 받으며, 행복한 가정의

참 의미를 키워 나가야 할 나날에, 사랑스러운 아들은 "이리로 저리로" 보내져 자랐다.

어린 아들은 행복한 가정이 그리웠는지,
"가난하고 어렵게 살아도 아빠랑 살고 싶다."며,
경북 구미 초등학교 2학년 1학기 여름방학을 맞이하여 할머니를 보고 싶다며, 강원도 강릉 주문진에 왔을 때이다.
하루는 아들이 "아빠와 단둘이서만 밥 한 끼를 먹고 싶다며, 내게 귓속말"을 하였다.
나는 그런, 아들 모습에 화들짝 놀랐다.
한편으로는 대견스럽기도 하고, 한편으로는 한부모 가정이라는 인식을 갖게 된 계기가 있었나 싶어,
아들 "요즘, 학교생활 재밌어?"하고 물었는데,
아들은 대답 대신 "아빠도, 고기 좀 드세요."라며, 내 밥그릇에 노릇하게 잘 구워진, 고기 한 점을 올려주는 것이었다.
그렇게, 그날은 사랑스러운 아들에게 음료수와 고기를, 내가 소주를 스스로 따르면 아들은 고기 판에 잘 구워진 고기 한 점을 내게로 밀어주며, 오랜만에 부자간 점심 만찬을 보냈다.

아들은 4학년 2학기 때, "속초 교동 초등학교"로 전학

왔고, 재차 주문진읍 소재 "주문 초등학교"는 5학년 2학기 때 전학 왔다.

아들은 제수씨와 여동생의 세심한 사랑과 보살핌 덕에 활발한 성격으로 성장하였고, 주문 초등학교에 전학 와서는 인기 회장이 되었으나, 아빠는 학교 활동 참여에 소극적일 수밖에 없었다.
아들은 "회장에 이어 부회장을 자발적으로 반납한 후로, 갈피를 잃어 방황한 나날"을 보냈다.

그러던, 아들이 "중학교 2학년이 되던 해부터, 공부에 열의를 쏟기 시작하였고, 자신의 진로도 자진하여 원주의료마이스터고에 자진 입학하였다.

아들은 기초생활 보장 대상자 자녀의 혜택을 당당하게 받으며, 해외 국가 어학연수 비용을 국가로부터 지원받아 캐나다, 일본 등 가정학습(20박 21일) 어학연수 방식의 참여 기회를 부여받았다.

졸업 때에는 강원일보가 주최하는 "강원인의 상과 장학금"을 수상하였다.

또한, 아들은 자진하여 방위산업체에서 국방의 의무를

마쳤고, "스스로 미래를 개척"해 나아가는 장한 아들로 성장했다.

그런, 아들을 지켜보던 나는 "과거에만 사로잡혀 있던 생활에서 탈피"해야겠다고 다짐했다.
이때, 내 "키는 163.5cm, 몸무게는 무려 110kg이 훨씬 넘었다.

이런, 나의 신체에 변화를 주지 못한다면, 사회 활동에 있어 큰 장애가 될 것이라 인지하고, 살을 빼기로 결심하게 되었다.

"필사즉생 필생즉사"의 각오였다.

20년 남짓 마시고 피웠던 술과 담배도 끊었고, 오롯이 1/3 정도의 식량 섭취만으로 시작하였지만, 시작할 당시에는 이미 혼탁한 생활 습관으로 몸무게는 90kg이 넘었고, 이때부터 치아는 흔들리고 빠지기 시작하였다.
게다가 교도소 수감생활을 마치고 나왔을 때쯤에는 나의 몸은 이미 100kg을 넘어서고 있었다.
3~4년간 살을 빼기 위해 극도로 음식물 섭취를 자제하다 보니, 요요현상과 잇몸뼈는 거의 녹아내렸고, 심해지는 잇몸은 충치에 나의 "말 이빨"은 하나, 둘 흔들리

고 빠졌다.

  그 결과, 응급실에 실려 가기를 3~4번, 영양 결핍 진단에 진료 거부까지 감안한 죽음의 살 빼기는 3~4년을 오롯이 극도의 음식물 섭취 조절로만 58kg의 몸무게를 만들었다.

  강릉 가톨릭 관동대 경비직 취업 면접 때였다.
  면접관은 혹시 "병이 있습니까?"
  아니요, "없습니다!"라고 나는 당당하게 대답하였다.
  면접관은 나의 "건강진단서"를 꼼꼼하게 들여다보았지만,
  며칠 후, 합격 통보 전화가 왔다.

  나는 "아들과의 마음속 약속을 지켰다."는 기쁨도 잠시였다.
  강릉 가톨릭 관동대 경비직 2년 차 때부터, 나의 몸 이곳저곳에 적신호가 감지되었다.
  당뇨병에 치아는 식량 조절 과정에서 영양결핍 후유증으로 하나, 둘 빠지더니, 더욱더 악화하는 충치로 잇몸뼈마저 더 악화하여,
"치아와 잇몸 염증 치료, 덮어씌우기 13대와 임플란트 8대 시술을 병행해야 하는 결과"를 초래하였다.

이후로, 나는 "정기적인 치료와 검사, 적절한 운동과 건강 회복을 위한 식단 습관"을 갖추어, 차차 건강을 되찾고 유지하려, 세심한 노력을 기울이고 있다.

음주 대리와 산행 대리

여주교도소에서 남은 형기를 무탈하게 마치고, 나는 주문진에서 어머니와 티격태격 지낸 지 3년째 되던 해 어느 날이었다.

위영아!
나는 주문진 중학교 동창 권 00야,
반갑고, 잘 지내지!

응, 그래!
잘 지내고 있어, 반갑고 전화 줬어, 고마워!
그런데, 어쩐 일이야!
다름 아닌, 동창한테 너의 사정 얘기를 들었어!
그렇게, 집에서만 지내면, 너 큰일난다.
내가 "00대리 사무실을 운영하고 있는데, 한 번 들려라!"
그래, 시간을 내어 들를게!
권 00야, 고맙다.

이렇게, 시작된 음주 대리였다.

열악한 지역에 음주대리업이 우후죽순 생겨나면서 음주대리업 간에 경쟁이 심하여, 음주대리업자도 소속된 기사도 녹록지 않은 나날이었다.

가을철이 들어서면 산과 계곡에 단풍이 물들기 시작하면, "방방곡곡 곱게 물들인 단풍에 사람들도 인산인해"를 이룬다.

들쑥날쑥한 음주 대리 수입에 전전긍긍하던 어느 날이었다.

매제는 양양 오색에 소재하는 산악구조대에서 자원봉사대원으로 봉사하면서, 산행 가이드와 산행 대리로 생계를 유지하고 있었다.

산행 대리는 산행하기 전, 산행 자 자가용을 산행 하산 지로 산행대리업자에게 이동 주차 예약 및 계약하면, 대리기사는 산행 자 자가용을 하산하는 지정된 주차장으로 이동 주차해 주는 일이다.

이른 아침부터 산과 계곡으로 자동차와 산행인을 태운 관광버스는 한바탕, 장엄한 행렬의 광경을 펼치며 들이닥친다.

관광버스는 넓은 정차 공간을 확보하기 위한 치열한 눈치작전을 벌여 정차 자리를 잡으면, 관광버스에서 산행인이 산행 장비를 챙겨 들고 하차하기 시작하면, 다른 한편에서는 관광버스를 차단막이 삼아 화물칸에서 아침 식단이 하나, 둘 꺼내지고 휴대용 주방용품에 의해 국거리가 준비되면, 밥과 반찬 등의 상차림이 이루어진다.

상에 상차림이 준비되면, 일사불란하게 한 분 혹은 남녀 짝을 짓거나 삼삼오오 씩, 산행 장비를 식사할 자리에 찜해놓고, 식기에 식단을 챙겨오고, 배낭에 쌓아 온 음식들이 하나, 둘 꺼내져 덧놓아진다.

그러면 "한바탕! 왁자지껄한 조반 광경"이 펼쳐지고, 그 광경을 지켜보고 있으면 새삼 느낀다.

자연은 "난잡스럽지 않게, 그 자리에 때가 되면 곱게 단장하여 핀다는 것"을 말이다.

그 사이사이를 산행인 과 자동차가 들이닥치고, 붐비기 시작하면, 산행 대리업자 차마다 동행한 산행 대리기사는 재빠른 발걸음과 입씨름 흥정으로 치열해진다.

사장님!, 저하고 계약하시면, 싸게 해드리겠습니다.
사장님!, 저에게 맡기시면, 하산하는 가까운 곳에 안전하게 주차해 드리겠습니다.

한바탕, 저마다 솔깃한 구술로 고객의 계약이 채워지면, "새벽의 질주"와 고객과 약속한 장소에 "먼저, 차를 주차하기 위한 치열한 눈치작전"이 펼쳐진다.

날이 밝아오면, 관광버스와 자동차, 운행 버스와 택시, 교통 정리 경찰관, 교통 정리 봉사단체원과 산행인이 물밑 듯이 쏟아져 몰려들어, 교통 정리 통제 불능인 상태가 초래되기 때문이다.

어느덧, 하루가 저물어 갈 때쯤이면,
성난 목소리로 북새통을 이뤄 산과 계곡 곳곳에는 아수라장 장터가 된다.

대리기사들 간에 "입씨름과 몸싸움"
대리기사와 주차장 관리인과 "기 싸움"
대리기사와 산행 대리 자가용 계약 산행인 간에 옥신각신 장터 교통 정리 경찰관도 교통 정리 자원봉사자도 슬그머니 자취를 감출 정도의 광경이 펼쳐진다.
이쯤 되면, 산행 대리 기사들은 북새통에 제때, 식사하지 못한다.

때문에 "픽업 차량" 안에서 "직행 및 시내버스" 안에서, 빵과 음료수로 끼니를 해결해야만 한다.
하지만, "직행 및 시내버스" 안에서 끼니를 해결하려다 운행 기사와 옥신각신 말다툼이 벌어지기도 하고, 너무 피곤하여, 잠시 눈을 붙이려다 승강장을 지나쳐 내려, 산행 자와의 주차 약속 시간에 이동 및 주차 시간을 어겨 불같은 성화에 시달린다.

또, 산행 대리 계약 산행 자 차에 문제가 발생하면, "휴대전화로 빗발치는 성화와 신고"로 관할 경찰 지구대에 불려 가 시시비비에 시달리는 날도 다반사다.

이럴 때면, "저물녘, 뜬 달에 쓰라린 가슴 잠재우려, 한 끼 식사에 소주"로 만끽한다.

늦깎이 만학도의 자격증

　기초생활 보상 대상자는 자활센터에서 자립성을 키우거나, 사회성을 대비하여 교육센터를 통해 자격증을 취득할 수 있다.

　나의 첫 자립성 배정 지는 강릉 자활센터에서 운영하는 낚싯바늘 조립 공정이었는데, 강릉 자활센터 내에 있는 것이 아니었다.

강릉시 교동 소재지에 임대한 도로변 1층 상가였다.

이곳에는 20대부터 60대까지 장애인, 비장애인이 공존하였다. 그리고, 생산 공장 한 공정 부서처럼 제법 숙련도와 조직 체계도 갖추어져 있었다.

그렇지 않으면, 낚싯바늘 조립 공정 과정에서 장애인의 순간적 이탈 행동에 의해, 비장애인과의 각종 마찰 문제 발생 시 통제나 해결하는 데 있어 큰 어려움에 봉착하기 때문이었다.

하루는 비장애인 한 사람의 심기가 몹시 안 좋아 보였다.

그 상황을 눈치를 챈 반장이 오늘따라, 개인의 이탈 행위 자제를 강력하게 당부하고서, 아침 조업을 시작한 지 한 시간쯤 지났을 때였다.

장애인 한 사람이 적막만이 흐르는 것이 거슬렸는지, 한 마디 툭 내뱉고 말았다.

아니, 오늘 "분위기가 왜 이러지!"

기분 나쁜 일은 "집에서 해결하고 와야지, 이게 뭐야!"라며, 비장애인이 불끈하였다.

그러자, 비장애인이 흥분하여 성을 벌컥 내었다.

"지금, 뭐라 그랬어!"

그러자, 장애인이 "내 입 가지고 옳은 소리도 못 해!"

그렇게, 한순간에 조업장 분위기는 "적막강산"이었다.

이때, 이런 일이 벌어질 줄 알았다는 듯, 반장은 분위기를 더욱더 긴장감 돌게 만들어, 양쪽의 흥분을 가라앉게 했다.

그런, 나날을 보내던 어느 날이었다.

우리 집 위층에 사시는 준수 할머니로부터 전화가 걸려 왔다.

지훈이 아빠!,

지훈이 할머니 병환 상태가 심상치 않으니, 어머니 모시고 얼른 병원으로 가보라는 황급한 전화가 걸려 왔다.

나는 자활센터장님을 뵈러 황급하게 달려갔다.

센터장님!

"어머니 병세가 악화해 제가 병원으로 모시고 가야 해서, 부득이 조퇴 신청서"를 제출합니다.

센터장님의 허락을 받자마자, 어머니에게 부랴부랴 달려가서는 정신없이 어머니를 차에 태우고 강릉 아산병원 응급실로 향했다.

어머니의 병세가 나날이 악화하면서부터 늘 있는 일이지만, 이럴 때마다, 나의 가슴은 철렁 내려앉는다.

그럴 것이, 어머니는 "병환으로 이 못난 자식에게 의존"하고, 이 못난 자식은 "어머니에게 의존"하며 살아가기 때문이다.

그런 나날을 보내던 어느 날이었다.
한 지인으로부터 한 통의 전화가 걸려 왔다.
자네!
"사회복지사 자격증을 취득해 볼 의향이 없는가?" 네!,
학습 과정에 "비용이 들 텐데, 그게!" 문제입니다.
제가 "어머니 병환도 살펴야 하고, 가정 형편이 넉넉하지 못해, 지금은 어렵겠습니다."라고 말하였다.

그렇게 대답하고 잠시, 생각에 잠겼는데,
문득, 성경 구절이 떠올랐다.
"구하라! 그러면 얻을 것이다."라는 성경 구절이었다.

해서, 그분께!
제가 의향은 있는데 "방법이 없을까요?" 했더니,
그분께서는, 내가 "자네, 사정을 모르고 얘기했을까!"
일단, 부산 화신 사이버대에 "편입 신청"을 먼저 하게, 편입학되면, "한국장학재단에 정부 장학금 신청"을 하게, 해서, 주저함도 없이 과정을 밟았다.

정말로 기적처럼, 부산 화신 사이버대 3학년에 편입이

되었고, 평균 B 학점 이상만 유지하면, "정부 장학금도, 학사 학위 취득도, 사회복지사 2급 취득"이 가능하였다.

그때부터, 나는 어머니 곁에서, 마음 놓고 어머니 병환을 돌보며, 한국장학재단의 정부 장학금으로 충실히 학업을 병행하여, 4학년 수료 과정과 사회 복지사 취득을 눈앞에 두었다.

그런데, 사회복지사 2급을 취득하기 위해서는 실습 처를 구하여, 일정 시간의 실습 과정을 사회복지사 협회 규정에 따라, 실습 처를 통해 마치고, 실습일지를 사회복지사 협회에 제출하여야만 했다.

나는 부산 화신 사이버대가 알선하여 주는 실습 처는 거리가 먼 곳이어서, 가까운 거리에 위치하는 실습 처를 사방팔방 알아보는 중, 중학교 동창 부인(전. 사회복지사)의 도움으로 "주문진 옛 보건소 소재 청소년 취업 체험센터"에서 실습 과정을 밟게 되었다.

나는 청소년 취업 체험센터 청소년들과 비닐하우스 재배 체험, 청소년 레크리에이션 활동, 청소년의 학습 보조, 청소년과 독서하기, 청소년 취미 학습 관찰 등 다양한 과정 계획을 짜고, 청소년과 함께하며, 서로 소통하는 과정을 관찰하여 개선해 가는 능력을 키우는 과정이었다.

　드디어, 사회복지사 협회에 실습일지를 제출하였고, "보건복지부 장관 발행, 사회 복지사 국가 자격증 2급"을 취득하게 되었다.

　나는 사회복지사 협회에 실습일지 제출 과정으로 실습 과목을 A+를 받았고, 비록 취업의 기회는 얻지는 못하였지만, 어머니에게 "요양 등급 2급"을 받아서 드렸다.

부고장

부고장이 날아든 날이면
비바람이 거세게 몰아 제쳐
화사하게 핀 꽃들도 낙화하고

뙤약볕에
사시사철 푸르른 솔잎도
맥없이 새들새들 해지는 마냥

축축한 눈이 쌓이어
축축 가라앉듯

비스듬히 기울어져 만 가는
침울한 심신

다락방에 구부정하게 누워
밤하늘 반짝이는 윤슬을 바라본다.

4부
한 편 한 편이 수채화

그렇게, 가을을 떠나보내면 또다시,
겨울이 들어선다.

장대비로 가슴 깊이 품었던, 해변 계절 장사

　움츠리며 지내던 겨울도 서서히 접어들어 바야흐로, 만물이 소생하는 봄의 햇살에 기지개를 켜볼 아량으로 방파제로 향했다.

　방파제 위를 걸으며, 바닷가에서 일고 있는 바람을 온몸으로 느끼며, 파도가 밀려오고 부서지는 광경을 바라보며 걷다 보니, 주문진 소돌 해수욕장 바닷가 모래사장을 걷고 있었다.

 4월쯤에는 오징어 속 부위를 낚싯밥 삼는 황어 채낚이 낚시가 제격이다.

 주문진 소돌 해수욕장 바닷가 모래사장 저만치쯤에서 낚시꾼들이 바닷가 해변에서 휠지를 하고 있었다.
 4월에 잡히는 황어는 살 부위만 발라 냉동실에 얼려 두었다가 얇게 썰어 간장에 고추냉이를 섞은 소스에 찍어 먹으면 별미이다.
 주문진 소돌 해수욕장에서 황어 낚시를 하는 낚시꾼들 틈에 반가운 형님 한 분이 눈에 띄었다.
 권 형님, 잘 지내셨어요!
 엉, 오랜만이야! 요즘, 어떻게 지내?
 죽지는 못해, 지내고 있습니다.
 오랜만인데, 소주 한잔해야지!
 네! 좋죠.

 권 형님과 나는 큰 놈으로 몇 마리 골라 손질하여 신문지에 똘똘 말아 챙겨, 권 형님의 주택 집으로 향하였다.
 오랜만에 권 형님, 지인분들과 오붓한 술자리가 맺어

졌다. 술자리로 곧 취기로 서서히 치닫고 있었고, 덕담이 오고 갔다. 그러다 잠시 침묵이 흐르나 싶었는데, 한 형님이 침묵을 깼다.

그나저나, 위영이는 맨날, "집에서만 박혀 지낼 거야! 라며, 내 속을 긁기 시작했다.

왜 그런지 모르게, 나는 그 소리가 듣기 싫었다.

해서, 이참에 나도 "해변의 낭만 고객을 상대로 해변 장사나 한 번 해볼까?"라며, 우연한 술자리에서 취기에 나도 모르게 툭 던진 빈말이 훗날 현실이 될 줄은 꿈에도 몰랐다.

어느 날부터인가, 나는 박OO이라는 동창이 운영하는 식당에 자주 들렀고, 영업이 끝나면 그 친구와 술자리가 잦았는데, 이때 함께 술자리를 같이하던 발리 모텔 정OO여사장이 있었다.

어느 날, 그 여사장도 함께 술자리를 함께하게 되었다.

그 자리에서 이런저런 담화가 오고 갔다.

담화가 무르익을 때쯤에, 나는 이번 여름에 여름 장사를 하게 되었는데, 처음 해보는 여름 장사라 벌써부터 걱정된다고 하자,

정OO 여사장이 무슨 장사를 하든, 적극 도와주겠다고

거드는 통에 "닭튀김과 생맥주를 주메뉴로 삼은 여름 계절 장사 계획"이 진행되었다.

 처음, 여름 계절 장사 장소 계획은 양양 지경리 해수욕장에서 이장 겸 지경리 해수욕장 운영 책임자이자 동창생 정00의 도움으로 장소를 배정받기로 하였다.

 어느 날, 양양 남애리에서 마을과 해변을 위해 애쓰는 이00이라는 동갑내기가 이번 계획을 어떻게 알았는지, 자신이 발 벗고 도와주겠다며 적극적인 구애로 결국, 양양 남애리 해변으로 결정되었다.

 처음에는 양양 남애리 동갑내기의 적극적인 도움으로 무탈하게 시설이 들어섰고, 발리 모텔 여사장과 친구들의 도움 손길로 고급스러운 식기류와 조화로운 메뉴판이 진열되는 등 장사 준비는 순조롭게 진행되었다.

 이윽고, 양양 남애리 여름 계절 장사 개시 일 아침이 밝았다.
 부푼 가슴에 한숨에 달려와 보니, 냉장고에 들어 있던 술이며 메뉴판 등, 모든 것들이 쓰레기 집하장에 널브러져 있는 것이다.
 때마침, 발리 모텔 여사장과 친구들이 도움의 손길을 보태려고 왔다가 이 광경을 함께 지켜보며 망연자실하였다.
　이윽고, 나의 지인과 동창들도 도착하였고, 어찌 된 까닭인지 몰라 무척 안타까워들 했다.

　나 역시, 이 광경을 지켜보며 망연자실하여 이번 해변 장사를 접고, 그 동갑내기를 고발해야 하나 고민 중에 그 동갑내기를 잘 알고 있는 동창들의 끈질긴 권유로 장사는 하기로 했으나, 도움의 손길은 끊기고, 채용 직원마저 그 동갑내기의 해변 장사 일에 매진하였다.

　그해 여름에는 비가 자주 내렸는데, 장맛비가 내리는 날이면, 꼭 내 마음 같았다.
　어쩌다, 맑은 날이면 나 홀로 펄펄 끓는 기름통 앞에서 닭을 튀기며, 몰려오는 주문 배달하기 위해 "동분서주"하였다.

　땀방울만큼이나 따갑고, 뜨거웠던 해변 장사는 막을 내렸다.

　방위산업체에서 힘들게 일하고 있는 아들에게 도움을 받아서 하였던, 야심 찬 해변 장사였기에 이대로 주저앉을 수 없었다.

산행 대리 인연으로 알게 된 지인을 통해 오색 버스 주차장 모퉁이 코너에서 가을 단풍 관광객을 상대로 트럭에 마차 즙 장사를 차려놓고, 새벽에는 산행 대리를 했고, 아침부터 저녁까지 마차 즙 장사를 하다가 가을비 내리는 날이면 관광버스 관광객 상대로 우비 장사를 하며, 동분서주 뛰어다녔다.

어느덧, 가을 단풍철 장사도 막을 내렸다.

이번 계기로, 나는 계절 장사는 자칫 섣부르게 뛰어들다가는 "앞으로 들어왔다 뒤로 샌다."는 말을 처절하게 몸소 체험했다.

30주년 졸업 기념식

　강원도 강릉시 주문진읍 약수동길 15-12(현재) 1942년 4월 05일 "주영국민학교" 개교이래. 내가 다닐 때는 학생 총수가 읍 소재지인데도 불구하고, 학생 총인원수가 2천 5백여 명이었다.

　근래에 들어서는 학생 수가 108명(남자 63, 여자 45명), 이마저도 점점 줄어드는 추세다.

1976년 3월 2일 첫 등굣길에 운동장에서는 "새마을운동" 노래가 울려 퍼지고, "주영국민학교 교가"가 울려 퍼졌다.

아직, 어린 때를 떼어내지 못한 새내기 1학년 입학생 가슴에는 코수건을 달고, 상급 학년생과 학교 운동장에 나란히 줄을 서던 그날은 어느새 흘러 주영국민학교 30주년 기념식을 맞이하였다.

나에게는 아주 특별한 담임 선생님이 한 분 계셨는데, 그분의 존함은 "백시홍" 은사님이시다.

주영국민학교 4학년 시절부터 해난 어업인 가정의 가장으로 두 동생을 다독거리며, 가장의 역할을 하였다.

그 시절은 세끼 끼니 해결과 험한 세상으로부터, 어머니와 두 동생을 보호하며, 무탈하게 하루하루를 보내는 것이 최선이었다.

그 시절에는 또래 사이에서도 싸움이 짙었고, 동래 선배, 형님과 어울리다 보면 얼차려를 당하기 일쑤였다.

게다가 잘 먹지 못해 결핵과 영양 결핍 등이 흔하던 시절이었다.

5학년 2학기를 맞이하면서 나는 시름시름 앓기 시작

하더니, 잦은 어지럼증에 급기야 툭하면 쓰러지기 일쑤였다.

그때부터 나는 "병 치료를 하느라, 정상적인 학교생활"을 할 수 없었다.

그런, 나를 물심양면 도와주신 은사님을 "언젠가는 꼭! 찾아뵙고 감사의 인사 올려야지!" 마음속에 간직한 채, 30년이 흘렀다.

어느 해부터는 동창생 모임이 활성화되더니, "주영국민학교 30주년 기념식"을 준비한다는 소식을 접했고, 기념식에 백시홍 은사님이 초대된다는 소식을 들었다.

은사님은 강릉 경포고교에 재직 중이셨다.!
"어떻게 변해 계실까?"

동창생들도 그러했겠지만, 나는 가슴을 어루만지며, 그때 그 시절을 회상하며, 무심코 앉아 기다리느라, 테이블 주변을 동창생에 에워싸여 있다는 것을 나는 눈치채지 못하였다.

드디어, 은사님 등장에 동창생은 일제히 기립하며, 박수갈채로 화답했고, 나도 기립하여 박수갈채로 화답했다.

은사님께서는 동창생에 둘러싸인 내가 앉은 테이블에

마주 보며 앉으셨다.

 드디어, 나는 가슴 속에만 꽁꽁 쌓아 둔 "감사 인사"를 할 순간을 포착하며, 인내를 갖고 기다릴 때쯤, 한 동창생이 은사님을 향해 달려오듯이 걸어오더니, 바닥에 털썩 엎드려 큰절하는 것이었다.

 나는 "30년을 가슴속에 품고만 지녀왔던, 고마운 마음을 전할 기회"를 엿보느라, 은사님께! 기본 예절마저 갖추지 못한 졸업생이 되어버렸다.

 "그날 내내, 내 생애에 가장 혼란스러웠고, 슬픈 하루였다.!"

 그 후로, "10년이면, 강산도 변한다는 말도 옛말이 되어버린 지금에 이르러서야!" 시인이자 수필가로 하얀 종이 위에 마음속에 간직해 두었던 마음을 먹물로 수놓아 본다.

조카의 부사관 정복과 대학원 학위

　여동생은 속초에서 가정을 꾸리고, 슬하에 아들 둘을 낳고 행복한 가정을 위해 고군분투하며 살고 있다.
　매제는 오색에서 설악 산악구조대 봉사 대원 활동과 산행 가이드, 산행 대리, 체인 판매를 소득으로 삼아 오색에서 가축과 소농가를 경작하며, 진씨 가문의 종가댁 3대 독자로써, 사돈 내외 두 분을 돌보며, 가정을 병행하느라 고된 나날을 이어가는 삶을 살고 있다.

그런, 가정생활을 영위하며 지내던 여동생이 어머니가 작고한 뒤로는 나 홀로 살아가고 있는 나에게 연락하는 날이 늘었다.

어느 날, 여동생이 전화를 걸어왔다.
"오빠!, 밥은 잘 챙겨 먹고, 잘 지내고 있지?" 응!
"무슨 일! 없는 거지, 오빠!."
그럼, "무소식이 희소식이라 하잖느냐!"

요즘, 오빠도 하루하루가 예전 같지 않아서, "술도 자제하는 편이고, 요즘은 글을 쓰는 재미에 푹 빠져 있어서, 딴짓할 여력도 없어!"라며, 너스레웃음을 지어 보였다.

그러자, 여동생은 "하여간, 건강 잘 챙겨 오빠!"
그런데, 너! "무슨 걱정이 있는 것 같은데, 응! 오빠.
첫째, 정호가 곧 대학 진학을 앞두고 있잖아!
어디를 보내야 할지 걱정이네!
뭔, 걱정이야!
내가, 그 녀석 성향 좀 알지.
강릉 영동전문대 부사관학과를 보내자!
주거는 오빠 집에서 하면 되잖아!

그렇네, 정호하고 의논해 볼게!
　그럼, 정호하고 의논해서 결정되면 "연락해 줘!"

　그렇게, 전화 통화를 하고, 얼마 지나지 않아 연락이 왔다.
　오빠! 정호와 의논 끝에 그렇게 하기로 결정지었어!

　정호는 강릉 영동전문대 부사관학과에 서류 전형, 학력고사 점수, 면접 과정을 걸쳐 "최종 합격 통보"를 받았다.
　나는 여동생에게 축하 전화를 해주었고, 여동생은 나에게 정호의 뒷바라지를 부탁했다.

　혜경아!
　요즘, 군인은 스포츠 특기 하나쯤은 갖추어야 한다 하니,
　입학하기 전까지 태권도 도장이라도 보내도록 해!
　응, 알았어! 오빠.

　드디어, 정호가 부사관 생 정복을 입고, 입학을 하였는데, 그 모습이 그렇게 늠름해 보일 수가 없었다.
　어느날, 동창 부사관 생들과 주문진 집에서 모여, 앞

으로 헤쳐 갈 이런저런 포부와 계획에 대하여, 진지한 이야기로 밤을 지새울 때면, 그 모습이 무척이나 대견스러웠다.

세월이 왜, 유수라 했는지 알겠다.
정호가 늠름한 부사관 정복을 입은 지가 엊그제 같았는데, 정호의 입영 통지서가 날아들었다.

내 조카 정호야!,
장하다! 외치며, 나는 뛸 듯이 기뻤다.
혜경이도 "그날, 기쁨의 눈물"을 비쳤다.

정호는 훈련소 훈련 과정을 마치고, 또다시 부사관 전문 훈련 과정을 마치고서야, 부대 배치가 이루어졌다.
배치된 부대에서 적응해 가며, 군 복무에 충실하며 지내던 중, 뜻밖의 소식을 접해 들었다.
정호가 고등학교 시절에 "친구들과 축구를 무리하게 즐기다가 허리를 많이 상해, 직업 군인의 길을 가지 못하고 전역"을 하게 된다는 소식이었다.

정호 녀석은, 이런 사실을 "부모에게 말하지 않았었다."

여동생은 정호가 "홀로 아픔을 이겨냈을 것을 생각하며, 끝내 눈시울"을 적셨다.

지금은 혜경이도 정호도 현실을 직시하고, 받아들여, 심한 운동은 자제하고, 재활 치료를 병행하며, 묵묵하게 다른 길을 모색하며, 내일을 향해 가고 있다.

또한, 혜경이는,

둘째! 명근이를 강원 대학교 기계학과에 입학시켰고, 대학원을 졸업시키고 취직할 때까지 뒷바라지해야 하니, 그때까지, 캐디 일을 "그만둘 수가 없다."고, 내게, 울먹이며 말했다.

시인으로 등단하다

 강릉 가톨릭 관동대 후문 경비직에서 중앙 도서관 경비직으로 발령을 받았다.

 중앙 도서관 경비 업무는 중앙 도서관을 이용하는 학생이 도서관 본연의 취지에 맞게 방문함에 불편함이 없도록, 엄숙하게 분위기가 유지될 수 있도록 지도 감시하고, 무분별한 외부인의 출입을 사전에 차단하는 것이 중앙 도서관 경비 업무였다.

중앙 도서관 경비 업무를 하던 어느 날이었다.

자신은 "종합 문예 유성"에서 문학 정회원으로 활동하고 있는 "조00 시인"이라며, 전화를 걸어왔다.
아! 네, 반갑습니다.
그런데, 저의 전화번호는 "어떻게 알고 전화하셨어요!"라고, 물었더니, 네이버에서 정위영 씨가 운영하는 블로그를 통해 정위영 씨 글을 접하게 되었고, 블로그에 공개된 연락처로 전화를 걸었다고 했다.

또한, 본인은 강릉에 "30년 지기 안00이라는 형이 있어 자주, 강릉에 내려온다고 하였다.
그러면서, 강릉에 내려가면 "꼭, 한 번 나를 만나 뵙고, 얘기를 나누어 보고 싶어서, 실례를 무릅쓰고 전화"를 하게 되었다고 했다.

그 후로, 전화를 걸어올 때마다,
나는 "확실하게! 거절 의사"를 밝혔지만,
강릉에 내려올 때마다 살갑게 전화를 걸어왔다.
그렇게, 통화를 대하다 보니, 자연스레 만나게 되었다.

나는 한편으로, 시인은 "어떤 사람일까?" 궁금해졌다.

그렇게, 시내 한식당에서 만남이 이루어졌고,
그 후로는 더욱더 끈질긴 설득 끝에,
나는 "(사)종합 문예 유성에 2019년 12월 8일 '등단작 [새싹]으로 시인 등단하게 되었다. "문학인증서"와 "신인 문학상"을 (사)종합 문예 유성 황유성 이사장님으로부터, 시인 등단 "문학인증서"와 "신인 문학상" 수상의 영광도 함께 누렸다.

(사)종합 문예 유성 황유성 이사장님의 문학인증서 수여와 수상 소감에 대한 요청이 있었다.
해서, 나는 "오늘, 제가 수상식에서 신인문학상 수상을 받게 되어 무한한 영광으로 생각합니다. 아울러, (사)종합 문예 유성에 초석이 되겠습니다."라며 수상 소감을 밝혔다.

나는 시인으로 등단한 것을 가족, 친척, 지인, 친구, 동창생에게도 말하지 않았다.
비밀은 그리 오래가지 못했다.
(사)종합 문예 유성을 시작으로 문학 활동을 하다 보니, 어느 날 신00 친구가 내가 등단한 사실을 네이버 사이트에 등재된 것을 보고 알게 되었다며, 축하 전화를

해주었다.

　이윽고, 지00이라는 동창생도 축하를 해주었다.

　자신은 나보다 먼저 (사)종합 문예 유성과 관련이 있었고, 여자 동창생도 (사)종합 문예 유성에서 활동하였다고 귀띔해 주었다.

　그러다, 주영 국민학교 40주년 졸업 기념식 행사 날이었다.

　나는 그날, 하필이면 근무였고 김00이라는 동창이 저녁이라도 함께 하자고 하여 할 수 없이 직원에게 양해를 구하고, 모교 40주년 행사에 경비 근무복 차림으로 동참하게 되었다.

　나는 동창생들과 눈인사하고, 얼른 저녁을 먹고, 근무지로 복귀해야겠다는 생각에 접시에 뷔페 식단을 차려와 막 먹으려던 찰나였다.

　지00이라는 동창생이 "정위영 동창이, 시인으로 등단하여, 오늘 이 자리를 더욱 빛내 주었습니다."라며 소개를 하였다.

　나는 생전 처음으로 동창생들에게 "박수갈채"를 받았고, 마음 한편이 무거워졌다.

　다행히도, 우리들이 학교에 다닐 적에는 일기장, 글짓

기, 웅변, 표어 쓰기, 연애편지 쓰기 등이 일상화되어 있던 시절이었다.

또한, 나의 고교 모교는 "신사임당 교육원 입구"에서 들어가는 길, 경계선을 두고 무릎 높이 정도의 철망 울타리로 이루어져 있었다.

해서, 타 지역 여학생들이 버스를 타고, 신사임당 교육을 받으러 올 때면, 신사임당 교육원 입구에서 하차하여, 줄을 이어 걸어

들어갔다.

그럴 때면, 고교 모교 남학생들은 우르르 달려가 마음에 둔 "신사임당 교육원 수련 여학생"에게 미리 껌 종이에 연애편지를 써 둔, 껌 종이를 껌에 싸서 건넸던, 정통이 있었다.

이때, 시집 꽤 꿰차고 불야성을 이루었다.

하지만, 야유성이 점차 짙어져 갔고, 급기야! 지도 선생님들의 제지가 시작되었다.

그 후로, 신사임당 교육원 수련원 여학생을 태운 버스는 창문을 닫은 체, 신사임당 교육원으로 바로 입장하면서, 정통은 아쉽게 막을 내렸다.

누구에게나, 행복했던 추억과 고난에 나날이 있듯이,

내게도 행복한 추억과 고난의 나날을 회상하며, 꾸준한 작품 활동으로 "은둔의 문, 은둔의 문 2, 은둔의 문 3" 시집을 출판하게 되었고, 곧, 은둔의 문 4집인 에세이 수필집 출판을 눈앞에 두고 있다.

오두막집

햇볕이 제법 내리쬐는 날
노천 소풍 나들이

서늘한 바람이 너울거리고
개울이 들려주는 청량한 물소리

개울가 오두막집
베란다에 식탁 펼쳐놓으면

텃밭에서 참두릅 뜯어다 데치고
깻잎, 상추는 개울에 휘저어 씻고
고추, 오이는 개울에 주물럭대며 호호

달궈진 석쇠에 삼겹살 한 점 한 점
노릇노릇 구워지면 탁주 흥 가락에 하하

양양 가톨릭 폐교로 전근

 강릉 가톨릭 관동대 경비원 상주 근무 체계가 무인 시스템으로 대체되면서, 상주하던 경비원은 뿔뿔이 흩어졌다.

 나와 고교 선배는 양양군 양양읍 거마천로 120번지 소재, 양양 가톨릭 폐교 캠퍼스로 2020년 2월 1일부로 전근되었다.

 양양 가톨릭 폐교 캠퍼에는 강릉 가톨릭 관동대 계약

직 반장님과 용역 계약직 환경미화원 한 분, 나와 선배는 경비원, 양양군에서 파견되어 상주하는 아동 급식 지원 센터 직원 두 분을 합쳐도 총 6명이 썰렁한 양양 가톨릭 폐교에 상주 및 근무하였다.

주문진에서 양양 가톨릭 폐교까지는 차로 대략 30분 거리였다.

전근 시기가 겨울철이었다.
양양군 양양읍 거마천로 120번지에 눈이 내리면 설산으로 둘러싸인 폐교 캠퍼스는 그야말로 "동화 속 설산의 전경"을 선사해 주었다.

어느 야간 근무 날, 눈이 제법 많이 내렸다.
경비실 창가로 내다보는 도로와 산은 백조의 나래가 펼쳐지고 있다.

눈이 많이 내려 쌓인 언덕 도로에서는 차량에 스노체인을 타이어에 설치하는 사람, 차량 뒤쪽에서는 차를 밀고 운전자는 전진시키려고 가속기를 무리하게 밟아 헛도는 타이어에 눈이 뿜어져 차량 부근 도롯가에 쌓이고 차량 뒤쪽에서 밀고 있는 동행자에게 눈이 뿌려지고, 헛도는 타이어에 눈은 쌓이고 짓눌려 차들은 얽히고설켜

그야말로, 아수라장이 펼쳐지고 있었다.

 견인 차량에 의해 일부 차량은 견인되어 가고, 일부 차량은 길가로 밀어 주차하려 하고 있었다.
 아예, 망연자실한 운전자는 차량을 그대로 세워두고 제설 작업이 이루어지면 그때 다시 돌아와서 차량을 운전해 가려고 휴대전화를 걸면서 어디론가 발길을 재촉하는 행렬이 이어졌다.

 눈이 내린 낮과 밤의 설경과 눈이 도롯가에 쌓여, 눈과 차량이 한바탕 난장판을 치르는 겨울의 장막이 걷혀 바야흐로, 만물이 소생하는 봄의 계절이 들어서려는지 따사로운 봄날씨가 내리쬐는 아침을 맞이하였다.

 눈 무게를 이겨내지 못하고 나무의 가지가 부러지고, 뿌리까지 뽑혀 곳곳에 널브러져 있는 나무들을 기계톱 등 장비를 동원하여 조각내어 정리하였다.
 능선·운동장, 산등성이를 빼곡히 뒤덮은 풀에 농약도 뿌리고, 예초기를 돌려 깎고·제거하여 바람 쏘는 장비로 한 곳으로 불어 몰아 쓸어 담아버리는 일들로 일과로 채워졌다.

 여름이 들어서면, 장마철을 대비해 소방 점검과 정화

조 점검 등이 일과로 채워졌다.

 어느 날, 기상청 뉴스에 밤사이 폭우가 쏟아질 거라는 기상 예보가 있었다.
 반장님은 휴일 비상근무를 하기 위해 저녁에 출근하였을 때쯤, 내리기 시작하던 비는 폭우를 이뤘고, 언덕에서 흘러 내려오던 빗물은 거센 강줄기를 이루었다.

 일부, 마을 주민은 폭우를 피해 양양 캠퍼스 언덕에 피신처로 정하였는지 차량이 경비실을 지나쳐 들어갔고, 이때를 대비하여 예비 양수기 장비까지 설치하였지만, 정화조 수위 조절 감지 장치에 비상벨이 울리고, 기습 폭우에 속수무책으로 정화조가 잠기고 있었다.

 반장님과 나는 위험을 무릅쓰고 정화조 내에 설치해둔 보조 펌프용 양수기 제대로 작동되고 있는지 점검하기 위하여, 정화조 내부로 들어갔고, 보조 펌프용 양수기가 잠기면서 작동을 하지 못하고, 멈춘 것을 확인하고는 목까지 차오르는 정화조 폐수에 잠겨버린 보조 펌프용 양수기를 철거하여 들고 나왔다.

 정화조 관리 업체도 다음 날 늦은 오후쯤에서야 도착할 만큼 순식간에 쏟아지는 기습 폭우로 밤을 꼬박 새우고, 아침을 맞이하였다.

경비실 정문에 설치되어 있는 이동식 철문은 엿가락처럼 휘어져 이탈하여 양쪽 구석 방향으로 널브러져 있었고, 양양군 양양읍 거마천로 120번지 도로와 하천 둑, 하천 둑 위 논과 밭이 한순간의 폭우에 잠기고, 범람하여 포장도로는 갈라지고, 파헤쳐 주저앉고, 포장도로는 흙탕물과 각종 쓰레기가 널브러져 있었다.

나는 정화조 폐수 수위 점검하기 위해 들어갔다가 잠겨버린 보조 펌프용 양수기를 근무복 차림으로 회수하였기에 근무복과 온몸은 정화조 폐수에 젖어 경비실 내 화장실에서 임시방편으로 씻었지만, 결국 정화조 폐수에 젖은 근무복 차림으로 퇴근하였고, 한동안 피부 질환 치료를 받게 되었다.

하천 둑이 범람하여 시설들이 심하게 훼손되는 피해를 본, 양양군 양양읍 거마천로 120번지 구역은 수해복구 특별재난지역으로 지정되었다.

혹독했던, 여름이 지나가고 오곡백과가 풍성한 가을이 들어섰다.

추석 명절을 맞이하기 위해 오곡백과 차례상 차리느라, 온몸은 쑤시고, 가을 햇볕에 찜질하고, 울긋불긋 휘날려 낙엽 지는 가을 단풍과 낙엽 빗자루질에 가을 햇볕에 찜질하느라, 피곤함과 땀방울이 얼굴에 송알송알 맺히면, 가을바람에 날려 보내고, 가을 햇살에 말린다.

그렇게, 가을을 떠나보내면 또다시, 겨울이 들어선다.

안전관리자와 소방 안전 관리사

수산시장 내에 한 코너에서 자리를 틀고, "대게 장사"를 하는 유00 사장은 가스 배관 관련 공사업체에서 기술자로 일하는 유 00이라는 동창생의 동생이다.

유00이라는 동창생은 가스 배관 공사 일이 쉬는 날이거나, 불가피하게 가스 배관 관련 공사업체에서 다른 가스 배관 관련공사업체로 옮겨가는 날이면, 친한 친구나 동창생 모임에 참석하여 위안 삼아 살아가는 친구이다.

양양 가톨릭 폐교 캠퍼스 경비원 휴무이던 어느 날이었다.
유00이라는 친구와 "대게 장사" 사장과 술자리를 함께하게 되었다.

함께하는 술자리가 무르익어 갈 때쯤, "대게 사장이 느닷없이" 내게 제안했다.
형님! 여기 수산시장 관리사무소에서 "안전관리자로 일하면 어떻겠냐?"는 제의를 해왔다.
해서, 나는 거부 의사를 밝혔다.
나는 양양 가톨릭 캠퍼스에서 일하고 있었고, 제의받은 자리는 동창생이 종사하며, 일을 그만둔 곳이고, 바로 들어가 일을 하는 게 영 마음에 내키지 않아서였다.

그 후로, 한동안 그 얘기가 없었다.

유00 친구와 대게 사장 그리고 유00 친구의 동래 형님, 누나들과 함께한 술좌석이었다.
이런저런, 담화가 이어지다 한 누님이 "동창생이 스스로 그만두고 나간 빈자리인데, 죄책감 느낄 게 뭐 있냐!"며, 한 번 더 생각해 보라고 재차 부추겼다.

때마침, 내 차가 잦은 고장으로 "수리비도 수리비지만, 언제 또 고장이 날지 모른다는 이해타산"이 맞아서 떨어져 얼떨결에 일하기로 하였다.

수산시장은 장사를 마치는 오후 9시부터 일을 시작하여, 그다음 날 오전 07시까지 안전 관리자직이었다.
실제는 수산시장 내 바닥 청소와 화장실 청소, 그리고 수산시장 활어 수족관을 관리하는 미화 개념의 숙직 근무 형태였다.

나는 수산시장 안전관리자로 일한 경험이 없어, 수산시장 바닥 청소와 화장실 청소를 하면서 수산시장 외부 청소 등 활어 수족관 온도 관리 등을 숙지하려 애썼다.
그리고, 대게 사장과 좌판 영업 및 상점 영업을 하시는 모든 사장님분과 살갑게 지내며, 조언을 귀담아들으려 애썼다.

하루는 출근하고 보니 해수 펌프장 필터가 제 역할을 못 해 활어 수족관마다 모래가 가득 쌓여 넘쳐흐르고 있었다.

해수 펌프 수리 방안을 두고 옥신각신 난장판이 벌어졌고, 나는 그날 저녁부터 활어 수족관에서 넘쳐흐르는 모래 청소와 화장실, 바닥 물청소로 밤을 꼬박 지새우며, 하루속히 일단락되기를 간절히 바랐다.

 어느새, 한 해가 가고 새해를 맞이하였다.
 그런데, "어쩐 일인가?"
 새해를 맞이하였는데도, 재계약 근로계약서를 체결할 기미를 보이지 않았다.

 그러다, 재계약 근로계약서 체결이 이루어지던 날이었다.

 수산시장 회장, 총무, 경리가 함께 있는 자리에서 재계약 근로계약서가 체결이 이루어졌다.
 근로계약서 내용인즉슨 "안전 관리자" 보직 명칭 대신, "안전 지킴이"라는 보직 명칭 변경과 임금 삭감 형태로 근로계약서가 체결되었다.

 나는 코로나19 사태, 펌프장 시설 고장 등의 악재가 겹쳐 원하던 근로계약서 체결이 아니었지만 서명하였다.

 근로계약서 체결이 이루어지고 일어서려던 찰나였다.
 수산시장 회장이 "시까지 쓰시느라!"라며 빈정거리는 말투를 던지고는 그 자리를 떴지만, 나는 회장 말에 개의치 않고, 나는 집에 가서 쉬었다가 숙직 근무할 요량으로 자리를 박차고 일어나 집으로 향했고, 각자 할 일을 하기 위해 총무와 경리도 그 자리를 떴다.

그리고 얼마 후, 수산시장 내부 새 단장 공사가 진행되었다.

애당초 계획보다 10일 정도 공사가 더 미뤄졌는데, 나에게도 그 영향이 미쳤는지, 잦은 악화 감정이 잦아져 더 이상, 수산시장 안전 지킴이로도 자리를 보존하지 못하는 상황이 일어나고 말았다.

그 와중에, 나는 재취업을 위해 "장애인 전문 관리사" 수료 과정을 밟았으나, 장애인 전문 관리사로는 재취업이 이루어지지 않았고, 아파트 경비직으로 재취업을 하였다가, 아파트 관리사무실 단순 관리직 주임으로 보직이 변경되어 새로운 업무에 적응하며 지내며, "소방 안전 관리사 2급" 자격을 취득하며, 동분서주하고 있다.

한 편, 한 편의 수채화

　어머니는 세 남매가 집주인에게 괄시받지 않도록, 사글세에서 전세로 이집 저집으로 이사 보따리 쌀 때면, 어머니의 눈에서는 눈물이 글썽거리는 보따리 이삿짐이었다.

　어머니는 세 남매에게 고등학교 졸업장은 쥐여주어야 한다면서, 생선 장사에서 냉동 조미 오징어 공장 활복

일까지 하셨다.

 그렇게 세월 따라, 세 남매는 고등학교 졸업장으로 하나, 둘, 셋 직장을 얻기 시작했다.

 세 남매는 월급에서 생활비를 제외한 여윳돈은 십시일반, 어머니께 생활비로 보내드렸다.

 어머니는 생활비를 쓰고 남은 여윳돈은, 은행에 넣어 두셨다가 복리 이자로 쌓이는 소액 정기 적금을 드셨고, 소액 정기 적금이 만기 되시면 정기 예금을 시켜놓으셨다.

 어머니는 세 남매가 십시일반 보내는 생활비로 형편이 나아지자, 이웃에 슬쩍, 세 남매 자랑이며, 예금 자랑을 내비치기 시작하셨던 모양이었다.

 그것이, 어머니의 근심을 자초하신 게 아닌가 싶다.

 어머니는 어찌 된 영문인지, 나날이 안색이 좋지 않으셨다.

 그렇게, 하루하루를 지내던 어느 날이었다.

 어머니는 "나와 함께 어딜 좀, 동행하자!"며, 나를 몰아붙이듯 재촉하였다.

그렇게, 도착한 곳은 수협 직매장 맞은편에 자리 잡은 회 센터였다.

어머니는 "내게, 회센터 내에 한 횟집"을 가리키셨다.

어머니가 가리킨 곳은 "또래쯤, 되시는 여사장"이 장사를 하고 있었다.

어머니는 내게 "그 횟집이 장사를 하고 있는지 살펴보라!" 하셨다.

왜! 그래야 하는지 여쭈어봤다.

어머니는 나중에 "자초지종을 얘기해 줄 테니, 지금은 어머니가 시키는 대로 해달라"고 하셨다.

할 수 없이, 나는 어머니가 일러주신 그 횟집 주변을 손님처럼 가장해 서성거렸고, 눈대중으로 그 횟집 여사장이 장사하고 있는 것을 인지하고, 어머니에게 각인시켜 드렸다.

어머니는 곧장, 그 여사장이 운영하는 횟집으로 가셨다.

어머니는 그 7공주 횟집에서 한참을 머물면서, 한 푼이라도 수금하려 애쓰셨지만, 한 푼도 수금하지 못하셨는지 안색이 안 좋은 채, 발길을 돌리신듯했다.

집에 도착해서야, 어머니는 나에게 그 횟집 여사장에게 돈을 빌려주신 사연을 말해주셨는데, 간혹 이자 정도의 원금 수금만 받고 계셨든 눈치셨다.

그 7공주 횟집은 선주집이자, 횟집도 운영하고, 7공주 자식들도 꾀나 여유롭게 사는 집이었다.

그러니까, 어머니는 돈을 모을 아량으로 계, 장사하시는 분들께 돈놀이에 뛰어드셨고, 그것이 화근이 되신 것이었다.

그렇게, 어머니는 아버님이 돌아가신 후로, 저희 세 남매를 거두느라, 자상하시던 성격도 변화였다.

사연에는 "억척스럽게 번 돈을 장사에 투자하셨는데, 모두 사기당하고 화병에 당뇨병"까지 얻으셨는데도, 무리하게 일을 하시느라, 온몸이 아프지 않은 곳이 없으셨다.

그런, 어머니를 지켜보던 남동생이 어머니를 "항구에서 멀리 떨어진 곳"으로 이사시킬 계획을 세웠나 보다.

항구라는 곳에서 삶은 "억척스럽지 못하면 못 배기는 곳"이라, 그것이 어머니에게는 화근의 발단이라 남동생은 생각하였다.

때마침, 주문진에서 강릉 방향 큰다리 건너에 임대 아파트가 분양된다는 소식을 듣고, 남동생은 어머니와 의논 끝에 분양받기로 결정하였다.

그렇게, 분양받은 임대아파트에 문제가 발생하였다.

임대아파트를 건축한 대표가 임대 분양하는 과정에서 계약상에 큰 문제가 발생하게 된다는 것을 인지한 일부 임대아파트 분양 인의 이의 제기로 시작된 대표와 담판을 짓게 되었는데, 결론은 대출을 껴안고 임대 분양에서 분양으로 전향되어 입주하게 되었다.

남동생은 어머니가 새 보금자리에서 무리한 일도 하지 못하도록, 남동생은 매달 생활비를 보낼 테니, 내게 어머니를 보살펴 달라고 부탁했고, 나는 어머니의 병세를 살피며 병원 진료도 병행하였다.

그 덕에, 어머니는 심신의 평온은 서서히 찾았으나, 병세는 서서히 악화하였다.
그러던 어느 날, 어머니는 "큰 손자 지훈이가, 어미 품 사랑도 모른 채 성장하다 혹여, 아비처럼 살까 봐 전전긍긍하며 지키려 했던, 이 아파트를 남겨 놓고, 급작스러운 심장마비로 어머니는 아버님 곁으로 가셨다.

세월 앞에 장사 없다고 했던가,

방 곳곳에 틈이 생겨 물이 스며들어, 곰팡이가 벽지를 도배하니, 퀴퀴한 냄새가 집안에 진동하였다.
나는 안방과 거실 그리고 작은 두 방의 헐거워진 벽

지는 뜯어내고, 벽지 대신 흰색 페인트를 칠하고, 두 베란다 곳곳도 흰색 페인트로 칠하였다.

　싱크대, 문, 화장실 등 어머니의 고뇌가 스며든 집안 곳곳을 수리, 교체하면서 한 편, 한 편의 수채화로 녹아내었다.

　그렇게, 못난 큰아들은 어머니의 아파트에서 거주하며 지낸다.

다람쥐 쳇바퀴 일터

일자리를 구해야 하는 절박한 처지에 놓인 처지라, 여기저기에 수소문을 넣던 때였다.

문득, 한 형님이 떠올랐다.

김00 형님은 내가 강릉 가톨릭관동대 경비원으로 재직 당시 경비원 반장이었다.

어느 날, 사직서를 제출하고 나갔는데, 사연은 이러했다.

강릉 가톨릭관동대 용역 총괄 관리자가 새로 부임 되어오면서, 내부 결속력 차원에서 제기한 부분에서 서로 뜻이 어긋났고,
의견 충돌 과정에서 끝내, 굽히지 못하는 성격 탓에 홀연히 경비원 반장직을 박차고 나갔던 형님이었다.

용역 시스템에서는 겪을 수 있는 예사로운 다반사였다.

용역 주체가 바뀌면 인원이 축소되거나, 그 부서에서 일하던 직원은 직장을 잃고, 새로운 직장을 구하러 다니는 악순환이 재현되고 있는 게 현실이다.

요즘은 어떻게 지낼까!
궁금하여, 안부 전화를 걸었다.
김00 형님! 위영입니다.
잘 지내시죠.
어! 그래,
반갑네! 위영 동생

어쩐 일이야!
양양 캠퍼스로 갔다며, 잘 지내지!
내가 지금 일하는 중이라, 오후에 전화할게!
네, 형님!

그렇게, 김00 형님과 통화를 마치고는 마냥, 김00 형의 전화를 기다렸다.

오후쯤, 형님으로부터 전화가 걸려 왔다.
그래, 요즘은 "어떻게 지내!"
네, 형님!
요즘은, 새 일자리를 구하러 동분서주합니다. 형님!
그래, 내가 장애인 관리사 일을 하고 있는데,
참 동생은 사회복지사 2급 자격증이 있었지, 네!
동생은 장애인 전문 관리사 수료 과정이 가능하겠는데, 어때!
관심 있으면 내가 도와줄 수 있는데,
네, 알려주세요. 형님!

나는 형님이 알려준 데로,
나는 "장애인 전문 관리사 과정을 비대면 교육으로 수료"하였고, 형님에게 전화했다.

제가 형님 덕에 장애인 전문 관리인 교육 수료 과정을 비대면 교육으로 이수했습니다.
동생의 그런 모습이 나는 "좋아, 축하해!"
고맙습니다. 형님!
그런데, 형님!
실습 처를 알아봐야 하는데,
형님이 다니는 곳에 "실습이 가능한지 좀, 알아봐 주세요!"
그래, 내가 "알아보고 연락해 줄게!"

얼마 지나지 않아, 김OO 형님에게서 고대하던 전화가 걸려 왔다.

다급한 마음에 나는 "형님! 가능하답니까?"라고 물었다.
김OO 형님은 나의 이런 태도에 당황하였다.
하지만, 나의 처지를 알고 있었기에 이내, 말문을 열었다.
동생! 실습은 가능하다고 하네만, 요즘 코로나19로 대면이 어려운 탓에 실습은 아직 여의찮다고 하였다.

그러면서, 형님은 잠시 뜸을 들이더니,
또다시 말문을 열었다.

동생! "아파트 경비 일은 해볼 생각은 없는가?"

있다면 "내가 알아봐 줄게!"라며, 예상외의 제의를 하는 것이다.

네, 고맙습니다. 형님!

그만큼, 나는 일자리를 구해야만 할 처지였고, 고민은 사치였다.

나는 일단, 부닥뜨려 일하면서 결정하는 성격이다.

그렇게, 다람쥐 쳇바퀴 일자리 구직 활동은 언제든 진행형이다.

[저자 소개]

정위영 鄭緯泳 1966~ 작가(시인/수필가).

강원 강릉 (주문진읍)출생. 호 호성.
부산 화신 사이버대 사회복지학과 수료.
2024' 한국 문학예술진흥원 명예문학박사 학위 수여

[등단]
2019' <종합문예유성> 시 '새싹'으로 등단.
2023' <한비문학> 수필 '부엉이, 새장에 알을 낳다'
2023' 한국문인협회 <집>/24' <시의 사계>, 월간문학 등단

[활동]
현재 한국문인협회 회원. 한국작가협회(한국문학인대사전)회원, 신춘문예 회원, 노벨문학, 동양문학 회원, 문학사랑 문학회 회원, 시처럼 문학회, 해피트리오 국민행복여울문학회, 청주 일보, 강원 경제신문, 토지 문학관, 서울 한강 출판, 청암문학, 오선 뜨락, 노벨문학신문 강릉지회장, 문학사랑 문학회 전략운영위원장, 종합유성 행사 관리협회 상임위원, 시인과 바다 부회장, 이원욱 전 국회의원 문화 예술국문인협회 <집>/24' <시의 사계>, 월간문학 등단

[저서]
*시집 '은둔의 문', '은둔의 문 2', '은둔의 문 3' 등
*수필집 '은둔의 문 4' 부엉이, 새장에 알을 낳다.'

[수상]

2021' 대한민국의 위상을 높인 대표 작가.

2024' 제64회 토지문학관 코벤트문학상 시 부문 대상 신인문학상, 국자감 문학상, 대한민국 문화예술 공헌 대상, 유관순 문학상, 으뜸 문학 대상, 세종 문예상, 한국 문화예술진흥원 명시·인전 대상, (동양문학) 아시아유명작가시화전 대상, 해피트리오 국행여울문인협회 문학 대상, 섬진강 문학상, 서울 한강문학 대상, 한국문학사랑신문 7회 좋아졌네 문학상.